就业指导与创业教育

主 编 段晓云 潘晓烨
副主编 杨明焘 段 丹 王恩华
　　　　王保昌

北京理工大学出版社
BEIJING INSTITUTE OF TECHNOLOGY PRESS

版权专有 侵权必究

图书在版编目（CIP）数据

就业指导与创业教育 / 段晓云, 潘晓烨主编. — 北京：北京理工大学出版社, 2020.7 重印

ISBN 978-7-5682-3338-5

Ⅰ.①就… Ⅱ.①段… ②潘… Ⅲ.①职业选择—中等专业学校—教材 Ⅳ.①G717.38

中国版本图书馆 CIP 数据核字（2016）第 269176 号

出版发行 /	北京理工大学出版社有限责任公司
社　　址 /	北京市海淀区中关村南大街 5 号
邮　　编 /	100081
电　　话 /	（010）68914775（总编室）
	（010）82562903（教材售后服务热线）
	（010）68948351（其他图书服务热线）
网　　址 /	http：//www.bitpress.com.cn
经　　销 /	全国各地新华书店
印　　刷 /	定州市新华印刷有限公司
开　　本 /	710 毫米 × 1000 毫米　1/16
印　　张 /	12.75
字　　数 /	261 千字
版　　次 /	2020 年 7 月第 1 版第 6 次印刷
定　　价 /	29.50 元

责任编辑 / 张荣君
文案编辑 / 张荣君
责任校对 / 周瑞红
责任印制 / 边心超

图书出现印装质量问题，请拨打售后服务热线，本社负责调换

伴随着经济结构的不断调整和经济增长方式的持续转变，我国中等职业教育的培养体制和就业机制也经历着巨大变革，逐步形成了以市场为导向的培养模式和人力资源配置方式。但由于市场人才需求缺乏整体规划，就业难问题一直是近几年来的热点问题。

中职生虽然具备专业知识和实践能力，但由于缺乏良好的就业指导，毕业后不能将社会需求与对自己的能力认识进行良好结合，因此会碰到这样或那样的问题，以致不能胜任自己的岗位或者对所从事的职业不满，甚至长时间找不到适合自己的工作。

创业是创业者以创新与开拓的思维方式，把社会上闲散的生产要素组合起来，或者把那些效率低下的生产要素重新进行整合、改造，为社会创造新财富、新价值，产生多方效益。21世纪是充满机遇和挑战的时代，在经济全球化的潮流下，知识经济使得现实商机无处不在，这为创业者和创业家提供了十分难得的创业良机。

为贯彻《国务院关于大力推进职业教育改革与发展的决定》，结合社会的现实问题，为给中职生提供良好的就业、创业的指导教育，我们组织编写了本教材。本书探索性地引导中职生树立积极的就业观念和创业观念，以切合时代要求的新思想为主导；帮助中职生调整心态，勇于在市场经济大潮中给自己定位，实现心中的理想；培养中职生先就业后择业的观念，在通往成功的路上不断积极地寻找创业机遇，形成终身创业意识。

本书是职业教育的重要内容，从职业与职业选择切入，提供了大量就业指导的知识原理、就业政策与法规、面试应聘的技巧，着力强调就业教育以及创业教育的内容和意义、创新思维的养成、创业者应具备的基本素质和能力，特别规划了切合中职生在就业和创业过程中所面临的实际问题的小锦囊板块，提供了大量就业指导的知识与案例，分析了国内外成功创业者的丰富经验。本书注重理论与实践的有机结合，具有专业性、系统性、综合性和趣味性等特点，具有很强的实操性，易于理解和掌握。

本书可作为中职生教育和社会工作者的参考教材。

由于创业教育工作还处于起步阶段，就业指导工作亟待形成体系。由于作者水平的限制，书中难免有错误和不妥之处，恳请广大师生与读者批评指正。

编 者

Contents 目录

第一章 职业与职业生涯规划
知识点1 职业综述   2
知识点2 职业素质与择业观念   11
知识点3 职业生涯规划   25

第二章 国家就业政策及法律法规
知识点1 我国的就业形势和就业政策   34
知识点2 劳动法   43
知识点3 人事代理制度   55
知识点4 职业资格证书制度   58

第三章 就业指导与面试技巧
知识点1 就业前的准备工作指导   63
知识点2 就业途径指导   71
知识点3 面试技巧指导   75

第四章 创业与创业教育
知识点1 了解创业教育与创业   89
知识点2 新时期的创业教育与就业观念   94
知识点3 创业教育指导原则   100

第五章 中职生创业素养和创业能力

知识点1　创业精神与创业素养　　107
知识点2　创新精神和创新能力　　122
知识点3　中职生的创业能力及培养　　127

第六章 创业风险防范及法律知识

知识点1　创业风险概述　　137
知识点2　创业风险防范　　141
知识点3　创业中的法律知识　　145

第七章 中职生创业意识的培养

知识点1　创新意识及培养　　154
知识点2　合作意识　　161
知识点3　敬业意识　　166
知识点4　信誉意识　　170

第八章 创业设计模拟分析与实践

知识点1　创业设计大赛概况　　175
知识点2　创业案例模拟分析　　181

参考文献　　197

第一章 职业与职业生涯规划

教学目标 ◀

　　中职生毕业于职业院校，肯定对职业这个词语并不陌生，但是学生是否了解职业的相关知识呢？通过本章的学习，学生可以认知职业的含义、作用和特点，树立积极、正确的择业观，确立职业发展目标，规划自己的职业生涯。

教学要求 ◀

认知：了解职业的内涵，理解职业生涯规划对实现人生价值和理想的重要意义。

情感和态度：注意培养个人的职业素养，转变择业观念，才能在市场经济的改革浪潮中立于不败之地。

运用：学生应从自身特点出发，规划出有针对性的、可操作性强的个人职业生涯。

知识点 1 职业综述

一、职业的含义

1. 职业的多种定义

职业一词并没有标准理解，可以从不同的角度给出定义：

（1）**从词义学的角度看**。"职业"一词，由"职"和"业"构成。"职"即职责、天职、权利和义务，"业"即事业、行业。所谓"职业"，就是指一种承担了某种责任、义务的行业性、专门化的活动。

（2）**从社会学的角度看**。泰勒在《职业社会学》一书中从社会学的角度指出："职业的社会学概念，可以解释为一套成为模式的与特殊工作经验有关的人群关系。这种成为模式的工作关系的结合，促进了职业结构的发展和职业意识形态的显现。"从这个角度来看，职业是社会分工体系中的一种社会位置，是已经成为模式并与专门工作相关的人群关系和社会关系，同权力和利益紧密相连并得到国家确定和认可。职业范畴主要是技术性、经济性和社会性。

（3）**从经济学的角度看**。美国学者阿瑟·萨尔兹在《社会科学百科全书》中将"职业"定义为：人们为了获得经常性的收入而从事连续性的特殊活动。我国学者认为："职业是劳动者能够稳定从事的有酬工作。"从经济学的角度可以看出，职业是社会分工体系中劳动者所获得的一种劳动角色，是一种具有社会经济收益性的活动。

2. 职业的含义

根据以上定义，职业应包括以下多重含义：

❶ 职业是指需要一定专门技能的工作，如农业、工业、教育、卫生、新闻等，是随社会分工的产生而出现的，社会分工越细，职业门类也越多。

讨论

职业是事业吗？

第一章 职业与职业生涯规划

❷ 职业体现了人们从事某种专业活动担当的角色，如农民、工人、教师、医生、记者等都表示了不同的职业从事者所担当的角色。

❸ 职业活动是人们创造社会价值或经济价值，并从创造的价值中取得自己应得报酬的活动。

❹ 职业是具有一定时间性和规范性的活动。某人偶然或短期从事某项业务，不能算是职业活动，职业活动必须具有长期连续性。"规范性"是指每种职业活动都有它的行业规矩，必须按一定规范行事。如教师上课绝不允许迟到，商店营业员必须站立服务，财务工作中会计与出纳必须严格分开等。

综上所述，职业可简要理解为包含四方面内容的活动：有工作，即可以劳动，有事可为；有收入，即获得工资或其他形式的经济报酬；有时间限度；承担一定职责并得到社会的承认。

为便于本书的阐述和界定，我们可以给职业下个定义：所谓 **职业**，**是指人们从事的相对稳定的、有经济收入的专门类别的社会劳动**。它是人们生活方式、经济状况、文化、行为模式、思想情操的综合反映，也是一个人的权利、义务、职责，是一个人的社会地位的一般性表征。

二、职业的分类及意义

1. 职业的分类

职业可以采用一定的标准和方法，依据一定的分类原则，对在业人员按照从事工作的种类和性质进行全面、系统的划分。

随着科技的发展、产业结构的调整和职业的变化，职业分类的标准、内容和方法也在不断地变化，一般有以下原则：

（1）**同一性**。同一性是职业分类的最基本原则。具体来说，它是指构成一个职业类别，必须在工作范围、工作内容、操作方法、使用工具以及工作环境等方面是相同的。

（2）**多级性**。职业是一个庞大又复杂的体系，有着数千甚至上万个类别。对于这样一个庞大的体系，需要划分为几个不同的等级或者层次，每一个等级或者层次中一般又有许多的类别。这样，才能够把庞大而复杂的"职业"区分开。一般情况下，各国根据自己的情况，把职业分为3～4个层次。

（3）**现实性**。职业分类是一个现实的范畴，它要反映社会现实，是基于一个社会的经济发展水平、产业结构、技术状态、社会文化状况对于人的劳动状况做出划分。

（4）应用性。职业分类虽有作为理论和学术研究的用途，但其主要用途是应用。职业分类的用途非常广泛，可以用于国家对于"人"的数据的标准编码管理，可以用于国民经济与社会发展状况的统计，可以用于人口普查和劳动力统计调查，可以用于学校职业指导，可以用于就业者的职业选择，可以用于政府劳动管理机构的职业指导、职业介绍和就业管理工作，也可以用于各企业、事业单位的员工管理等。

2. 职业分类的发展历程

国际劳工组织早在1985年就出版了供各国参考的《国际标准职业分类》，并先后进行了两次修订。1986年，我国统计局和国家标准局发布了《中华人民共和国国家标准职业分类和代码》，将全国职业分为8个大类，63个中类，303个小类。1992年又颁布了《中华人民共和国工种分类目录》。但是，由于我国职业分类工作基础比较薄弱，加上限于当时的社会条件，上述分类并没有完全准确地反映我国社会职业结构状况，职业分类只能说初具雏形。为此，劳动和社会保障部、国家质量技术监督局、国家统计局在原有职业基础上，经过充分调查和反复查实论证，于1999年颁布了《中华人民共和国职业分类大典》（简称《大典》）。《大典》参照国际职业分类标准，从我国实际出发，按照工作性质同一性的基本原则，对我国社会职业进行了科学划分和归类，全面客观地反映了现阶段我国社会职业结构状况。

你知道吗

我国社会职业的分类

《中华人民共和国职业分类大典》将我国社会现有的职业划分为8个大类，66个中类，413个小类，1 838个细类（职业）。除去起延续功能的"其他"职业，实际职业总量为1 496个。8个大类分别是：第一大类，国家机关、党群组织、企业、事业单位负责人；第二大类，专业技术人员；第三大类，办事人员及有关人员；第四大类，商业、服务业人员；第五大类，农、林、牧、渔、水利业生产人员；第六大类，生产、运输设备操作人员及有关人员；第七大类，军人；第八大类，不便分类的其他从业人员。除"军人"和"不便分类的其他人员"外，职业数量最多的是"生产、运输设备操作人员及有关人员"，共计1 119个职业，占实际职业总量的74.8%。职业数量最少的是"国家机关、党群组织、企业、事业单位负责人"，共计25个职业，占实际职业总量的1.67%。

第一章 职业与职业生涯规划

3. 职业分类的意义

职业分类意义重大，正如前国家劳动和社会保障部部长张左己所说：科学的职业分类，不仅能为劳动需求的预测和规划、就业人口结构及其发展趋势的统计分析提供重要依据，而且对开展职业教育和职业培训，实行职业资格证书制度，促进劳动力市场的不断完善，都具有十分重要的作用。从我们开展就业指导与创业教育的角度来说，对职业进行科学分类的意义同样不能低估。

- ◆ 科学的职业分类可以为就业指导部门开展就业指导、进行就业咨询提供依据。无论是指导他人选择职业，还是教育他人准备职业或向求职者介绍职业，都需要对职业类型有较详细的了解。这是职业指导人开展职业咨询与指导的前提。然而，职业种类繁多，并且变化频繁，对人的素质要求也越来越高。如果缺乏科学的职业分类，要对社会各类职业及其对从业人员的要求有较详细、准确的了解是难以实现的。只有对职业进行科学的分类，才能把握各类职业的特点及其要求。因此，职业分类是就业指导的基础工作，没有职业分类，就业指导也就无从谈起。
- ◆ 科学的职业分类可以为就业指导人员及求职者提供关于各种职业及其对从业人员素质要求的信息，使职业指导及其教育活动更具针对性，也可以为学生在学习期间为将来的求职、择业、积累职业知识和技能，提供依据和指导。
- ◆ 科学的职业分类可以真实反映国民经济各行业的结构及社会有关部门的设置和发展情况，揭示职业间的相互关系，从而为择业者了解职业和选择职业提供科学依据。

三、职业的特点及作用

1. 职业的特点

职业作为个人在社会中所从事的主要生活来源的工作，具有以下特征：

（1）**专业性**。职业是人们从事的专门业务，一个人要从事某一种职业，必须具备相关专业的知识、能力和特有的职业道德品质。例如，农民要具备掌握和运用农业产品品种、耕作、土壤、季节等方面知识和技能的能力。随着社会的发展，科技的进步，劳动的专业化程度越来越高，职业的专业性越来越强。

（2）**技术性**。每一种职业都有一定的技术含量或技术规范要求，需要进行专门的学习与训练。特别是现代职业的科学技术含量越来越高，使人们在从事某种职业之前，必须利用一定时间，针对特定的职业进行专门的技术技能操作规程的学习。这也正是世界性的高等职业技术教育兴起和广泛发展的重要原因。

（3）**多样性**。随着社会的进步，社会分工越来越细，职业种类越来越多，职业的差别也越来越大，这就导致了职业的多样性。随着生产力的发展，社会产业结构必将发生重大变化，随之会产生许多新行业，增加许多新职业。

（4）**时代性**。伴随着时代的发展和变化，职业变化迅速。除了弃旧更新外，同一种职业活动的内容和方式也会发生变化，所以职业的划分具有明显的时代性，不同时代有不同的热门职业。

（5）**稳定性**。一种职业产生后，不是转瞬即逝的，它总是要相对稳定地存在相当长的时期。社会发展到一个阶段时，也总是要相对稳定一段时期。尽管生产力在不断发展，但是职业总是和社会的发展相对应，总是要相对稳定一段时期的。相当一部分的职业不因社会形态的更替而更替，能长期稳定存在。

2. 职业的作用

职业是人们生存和发展的基本途径，是实现人生价值的主要舞台，对每个劳动者来说，职业的作用主要体现在以下3个方面：

（1）**职业是人们谋生的手段**。职业生活是构成人生的重要部分，职业生活首先表现在人们必须通过参加社会劳动来获取生存所必需的生活资料。人类社会的生存与发展都是基于劳动创造实现的，没有社会中每个人的劳动创造，个人会失去生活来源，也就没有人类社会今日的进步与发展。在现实社会中，劳动的目的是为了取得一定的报酬来作为生活资料的来源。人们通过参加一定职业岗位的劳动，换取劳动报酬，满足谋生的需要，并积累个人的财富。

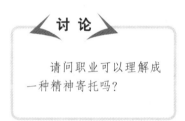

> 讨 论
>
> 请问职业可以理解成一种精神寄托吗？

（2）**职业是个性发展的舞台**。每种职业都有其独特的活动结构，对从业者在生理和心理等方面都有特定的要求。人们通过参加职业活动，逐步形成并不断发展与完善自我的个性。随着从业时间的增加，从业者的智力、体力、知识与技能水平都有长足的发展与提高，从而满足了其自我价值实现的需要。

（3）**职业是为社会做贡献的途径**。职业的本质是劳动力与生产资料的结合，它体现着人与人之间的社会关系。职业劳动在为个人获得谋生的生活资料的同时，也为社会创造了财富。现代社会的劳动者有着十分明显的分工，一个人只能从事某种具体的劳动，不可能同时从事直接生产其所需的全部生活资料的各种劳动。劳动者只有通过各自劳动成果的

第一章　职业与职业生涯规划

交换，才能满足各自的需要。在这种平等的相互交换劳动成果的过程中，既体现了劳动者为他人服务的程度，又可衡量出劳动者对社会和国家所做贡献的大小。

四、产业、行业与职业

1. 产业及其划分

人类社会经济发展的历程，是从农业经济到工业经济再到知识经济的，相应的产业特征则是以农业（第一产业）为主导到以工业（第二产业）为主导再到以服务业（第三产业）为主导。

第一产业指直接取自于自然物质的生产部门，泛指农、林、牧、渔业，简称农业；第二产业指加工取自于自然物质的生产部门，泛指制造业或工业；第三产业指广义的服务业，如商业、金融、教育、卫生、信息、旅游、餐饮以及政府公共行政事业和其他公益事业。

2. 行业及其划分

行业是指从事相同性质的经济活动的所有单位的集合。各种行业在产业体系中都有其自身特定的含义、范围和地位，随着产业体系的内部变化，各种行业也随之发生着显著变化。结合我国的情况看，21世纪将会迅速发展的行业主要有以下几种：

❶ 信息产业	包括计算机硬件和软件业、通信器械生产业、通讯服务业（电信、寻呼、无线通信）、网络服务业及其他信息技术业等。
❷ 生物工程业	包括相关的制药业与保健品生产业。
❸ 金融业	包括银行、证券、保险三大行业，并进一步扩展到风险投资、资本运作领域。
❹ 经贸行业	包括国内贸易业、对外贸易业、物流业、广告业以及经济服务业。
❺ 建设事业	包括大型设施建筑业、居民住宅业、房地产开发业、装饰业、绿化园林事业等。

❻ 现代生活产品制造业	包括汽车、家用电器、时装服饰、工艺美术与艺术收藏品等各种现代生活用品的制造业。	
❼ 科学技术业	包括自然科学、人文社会科学的各学科领域的基础理论研究,信息技术、生物技术、生命科学技术、航天技术、海洋工程、核利用技术等各种技术领域的研究开发。高新技术产业是科学技术业发展的支柱。	
❽ 环境科学行业	包括环境保护行业、资源再利用行业、节能行业、新材料与新能源业(如太阳能、"绿色"材料、替代资源的人造材料)等。	
❾ 教育产业	包括幼儿学前教育、正规学校教育、职业资格教育与就业技能培训、在职培训、继续教育、老年大学、远程教育、网上学校等。	
❿ 健康产业	包括医疗卫生业、保健行业、体育事业以及心理咨询行业。	
⓫ 社会服务业	包括各类社会生活与民事服务、社区服务业、老年服务业、物业管理、法律服务等。	
⓬ 社会管理业	主要指政府机构以及相关的公共服务和社会工作的公务员。	
⓭ 文化与休闲业	包括出版业、大众传播业、旅游业、餐饮业、宾馆业、娱乐业等。	
⓮ 知识产业	除了上述教育、信息、文化、科技业外,专门从事知识的生产、收集和管理的部门,以及进行专门知识的训练(如人工智能训练、国际关系训练、精神护理训练)和对知识、信息进行加工的部门,构成需求旺盛的知识产业。	
⓯ 咨询业	为企业提供管理咨询、业务流程重组及规划等。	

3. 三者的关系

任何一种职业都属于国民经济某一个产业内的某一个行业,某行业内的职业内部,其劳动条件、工作对象、生产工具、操作内容相同或相近。不同行业的职业间存在着很大的差异,劳动条件、工作对象、工作性质等都不相同。随着社会的进步和发展,新的职业将会不断涌现,各种职业间的差异也会不断变化。

第一章 职业与职业生涯规划

> **你知道吗**
>
> ### 三大产业结构和发展趋势
>
> 诺贝尔经济学奖获得者西蒙·库兹涅茨曾系统地揭示了三大产业在国民生产中所占的份额随经济增长变化的规律：随着经济发展，劳动力在三大产业中的分布，将从第一产业移至第二产业，再移至第三产业。从各国经济发展的趋势看均是如此。经济最发达的美国，走在这一趋势的前面。早在20世纪80年代，美国第一产业从业人数就仅占总从业人数的3.6%，日本为10.3%。据统计，到2014年年底我国第一产业从业人员占比29.5%，比2004年下降17.4%；第二产业从业人员占比28.9%，上升了7.4%；第三产业从业人员占比40.6%，上升了10%。在工业生产能力不断扩大、出现供过于求的局面下，唯有服务业能保持持续发展，因而促使第三产业从业人口的比例迅速提高。
>
> 另据《世界博览》（1998.6）报道，1992年服务业人员占从业人口的百分数分别为：德国57%，日本59%，法国65%，美国73%。商业、保险业、金融业、运输业、卫生、教育等是未来最大的就业行业，其中以教育和卫生等领域最为引人注目。我国目前第三产业从业人员约占40.6%，还有很大的发展空间，从业人员大量向第三产业转移的趋势还会长期保持下去。

五、专业与职业

1. 专业的含义

专业 是指学校根据学科分类或者生产部门的分工把学业分成若干个具体的门类。专业设置的指导思想是以服务为宗旨，以就业为导向，充分体现各类院校办学特色，具体表现为：职业性与学科性相结合；专业的划分实行"以职业岗位群或行业为主，兼顾学科分类"的原则，合理性与科学性相结合；实行"宽窄并存"的原则，灵活性与稳定性相结合。

学科分类、职业分类是职业技术教育设置专业的重要依据。为进一步提高职业技术学校的办学质量，推进素质教育的开展，教育部于2000年公布了《职业技术学校专业目录》。在目录中，把我国职业技术学校的专业划分为13个大类，259个专业。

随着社会的变迁，职业也呈现出新的时代特点，要求学校的专业设置也要满足新的时代需要。科学技术的发展，科技含量的提高，对劳动者的科技素质提出了越来越高的要求；改变了职业活动的内涵，职业活动中体力劳动的比重减少，脑力劳动的比重日益增加，加快了职业的新陈代谢，新职业不断产生，旧职业不断衰退。

2. 专业学习的重要性

在现代社会里，不经过专业学习，不掌握一定的专业知识和技能的人，首先将面临就业难的问题，更谈不上实现职业理想。因此，对每个同学来说抓住在校学习的机会，搞好专业学习，具备扎实的专业理论知识和过硬的专业技能，培养自己的综合职业能力，对实现职业生涯规划具有重要的意义。

（1）**扎实的专业知识和技能，是实现就业的必备条件**。无论在什么岗位上，没有一定的专业知识和专业技能，就无法履行岗位职责，完成工作任务。如学习制造类机械专业的毕业生看不懂图纸，不会使用量具；学习电气专业的毕业生不会使用仪器、仪表、看不懂电气设备图，就不能胜任工作，而且，还可能因专业知识的匮乏和技能的欠缺而造成重大损失。

在就业竞争日趋激烈的形势下，只有具备扎实的专业知识和过硬的专业技能，才能在就业竞争中占有优势，为顺利就业创造有利条件，为成功从业铺平道路，为创造优异业绩打好基础。

（2）**学好专业是实现职业生涯目标的基础**。只有学好专业，完成学业，才能找到与专业相应的职业，并在职业舞台上，灵活运用专业知识，充分发挥专业特长，出色完成工作任务，提高工作效率。这些正是一个人职业生涯发展的基础，也是实现职业生涯目标的基础。

3. 树立职业意识

职业技术学校学生在学好专业知识和掌握专业技能的同时，还要在学校学习期间，增强职业意识，为自己的职业倾向做准备。

- ◆ 要熟悉与自己所学专业对应的职业或职业群，关心这些职业或职业群的发展变化情况。
- ◆ 要了解与自己所学专业相关的职业资格证书有哪些，根据自己和家庭的实际状况决定考取哪些职业资格证书，计划什么时候考取。
- ◆ 积极收集有关国民经济发展和社会发展趋势、国家产业政策、区域经济与社会发展状况、国家劳动就业政策等方面的信息，学会准确地判断和分析。
- ◆ 注意报刊、电视、网络等媒体上有关招聘人才的信息，学会运用现代媒体求职。

你知道吗

专业与职业的区别和联系

在国民经济建设不同的产业、行业领域中，有成千上万种不同的职业；学校所设置的专业是学业分类，它是从学科与技术的角度进行划分的。所以，专业和职业既有区别，又有密切联系。

一个具体的专业，它与职业的对应关系，可以是一个职业岗位，但更多的情况是一个专业对应的一个职业岗位群（或职业领域）。职业岗位群一般由工作内容、技能要求相近、从业者所应该具备的素质接近的若干个职业岗位而构成。如机械设计与制造专业，毕业生所对应的职业领域有：机械设计、加工工艺制定、工艺装备设计、CAD／CAM等工程软件应用等；计算机应用技术专业，毕业生就业岗位群有：企业、商贸、财经、金融、党政团体等单位；从事计算机维护、修理，数据库编程，网络安装与使用，多媒体制作，计算机经营等。不管什么专业，学校在制订专业教学计划时都要明确该专业毕业生的就业方向（或职业岗位群）。

知识点 2 职业素质与择业观念

一、职业素质及其培养

1. 职业素质的内涵

（1）个人综合素质。素质是人在生理遗传因素的基础上，通过教育和环境的影响而形成和培养起来的相对稳定的内在的基本品质。生理遗传因素是后天基本品质形成的载体。教育包括家庭教育、学校教育和社会教育；环境主要是指社会环境和自然环境。

根据素质形成和发展的过程由低级到高级的层次性，可以把素质划分为**生理素质**、**心理素质**和**社会文化素质**三个层面。如图1-1所示。

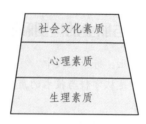

图1-1 素质的三个层面

生理素质 指人的生理机能特征，是人的整体素质发展的基础层次，它决定着个体素质发展的潜在可能性。

心理素质 是一个人的遗传素质和人类在历史发展过程中所创造的文明成果相互作用、内化的结果，它是人与外部世界相互联系、相互作用的中介。心理素质既是在生理素质的基础上发展起来的又影响着社会文化素质的内化，它是由此及彼连接两者的桥梁。

社会文化素质 包含文化、科学、道德、法律、政治、艺术、信仰等知识与能力方面的素质。它建立在生理和心理素质之上，是社会化的重要内容。

生理素质、心理素质和社会文化素质，在人的整体素质中处于不同的发展层次，它们相互联系，相互作用，并相互渗透，共同构成了人的综合素质。

（2）劳动者的职业素质。职业素质是指劳动者在生理条件的基础上，通过专业（职业）教育（培训）、职业实践和自我完善等途径而形成和发展起来的，在职业活动中起着重要作用的内在基本品质。

劳动者的职业素质具有五个方面的特性，即专业性、稳定性、内在性、整体性和发展性。专业性是指劳动者一般都具有一定的专门的业务能力。稳定性是指职业素质一经形成，便会在劳动者的个性品质中稳定地表现出来。内在性是指一个人对所从事的职业要求和专业知识的内化，它一经形成就以潜能的形式存在，在职业活动中展现出来。整体性是指劳动者的知识、能力和其他个性品质在职业活动中的综合表现。发展性是指随着社会发展和科技进步，劳动者必须从时代发展的需要出发，不断地提高和完善自身的职业素质。

（3）提高职业素质的重要意义：

❶ 提高职业素质有利于促进人的全面发展

人的一生大部分时间是在职业活动中度过的，职业素质的形成过程就是以专业知识和专业技能为核心的社会文化素质、心理素质和身体素质的整合过程。良好的职业素质有利于促进人的全面发展，促进自身的不断完善。

第一章 职业与职业生涯规划

❷ 提高职业素质有利于提高劳动生产效率

　　劳动者的职业素质将影响企业的产品数量和质量，劳动者的职业素质越高，就越能提高劳动生产效率，进而获得更多的新成果。

❸ 提高职业素质有利于推动社会发展和科技进步

　　邓小平同志曾指出：国家、国力的强弱，经济发展后劲的大小，越来越取决于劳动者的素质，取决于知识分子的数量和质量。只有拥有数以万计的高素质人才，科技才能进步，国家才能繁荣昌盛，社会才能全面发展。

2. 职业素质的构成因素

　　（1）**思想道德素质。是指人在一定的社会环境和教育的影响下，通过个体自身的认识和社会实践，在政治倾向、理想信仰、思想观念、道德情操等方面养成的比较稳定的品质。**它好比人的灵魂，是人的一切活动的主宰，决定着人的行动目的和方向。人的思想道德素质主要是通过后天教育、通过知识"内化"养成并不断提高的。当代青年学生是跨世纪的社会主义事业的建设者和接班人，当代青年学生这种特殊的地位和作用，决定了他们必须具有较高的思想道德素质。

　　坚定正确的政治方向在思想道德素质中是第一位的。在中国当今的社会里，坚持社会主义道路，坚持无产阶级专政，坚持中国共产党的领导，坚持马列主义、毛泽东思想、邓小平理论的指导，是根本的政治方向。正确的政治方向是将来从事多种职业，为国家和集体多做贡献的重要动力。爱国主义、集体主义是驱动青年报效祖国、立志成才的巨大精神力量，青年学生应把自己对祖国无限深切的爱全部倾注在自己的工作中，艰苦创业，无私奉献，遵纪守法，为祖国的繁荣昌盛贡献一切力量。具体地说，应从以下几方面加强自身的思想道德修养。

❶ 热爱祖国	热爱祖国是对祖国最真挚的感情，要树立国家观念，增强民族意识和民族自豪感，热爱祖国的山河、文化、人民以及悠久的历史和优良的传统，了解社会主义建设的伟大成就，树立为祖国建设奉献毕生精力的信念。
❷ 发扬集体主义精神	一切以集体利益为出发点，坚持集体利益高于个人利益，个人利益服从集体利益，在维护集体利益的前提下，把集体利益和个人利益结合起来。培养团队精神和合作品质。
❸ 培养良好的职业道德	社会主义职业道德是每个劳动者在职业活动中必须遵循的行为规范，其核心是为人民服务。

（2）**科学文化素质**。是指人们对自然、社会、思维、科学知识等人类文化成果的认识和掌握的程度。它包括：**科学精神、求知欲望和创新意识**。科学精神就是一切从实际出发，按事物发展规律办事，不迷信、不盲从、不附和，以客观事实为依据，概括地说就是实事求是。同学们在学习科学知识，进行实验研究时要一丝不苟，精益求精。现代科学研究需要依靠集体的力量，它要求参与者应具有团结协作，严守纪律，严肃认真和执着追求的工作态度，我们在学习和工作过程中应注意这种精神的培养。

科学文化素质不仅影响着人们的生活质量，也影响并改变着人的思想观念和价值标准。科学文化素质是职业素质的基础。如果不掌握一定的科学文化知识和构建合理的专业知识结构，就不可能拥有过硬的职业素质。

（3）**技术技能素质**。是指任职者从事某种专门职业所必须具备的智力技能和操作技能。所谓智力技能，是指借助于言语在头脑中进行的智力活动的方式，如阅读、心算、解题、作文等方面的技能。所谓操作技能，又叫动作技能，指书写、打字、演奏乐器、使用生产工具等，当这些动作以完善合理的方式组织起来，并近于自动化时，就成为操作技能。操作技能与智力技能统一存在于人的实践活动中，两者既有区别，又有联系，并可相互转化。掌握技术技能，是就业的基本条件。

掌握技术技能，也是开发智力、培养能力、在本职岗位上做出贡献的需要。专业技术技能的形成不仅是领会、巩固和应用知识的重要条件，而且对于学生智能的发展，特别是职业活动中所需的独立工作能力和创造力的发展，具有极大的促进作用。技术技能在一定程度上决定了就业者在本职岗位做出贡献的程度。因此，要使自己能在职业活动中为社会做出更大的贡献，就必须掌握一定的技术技能。

（4）**生理、心理素质**。心理素质的好坏体现在心理状态的正常与否、个体心理品质的优劣、心理能力的强弱三个方面，体现在个体行为习惯和社会适应状态之中。身心素质是从事职业活动的重要条件，是成就事业的基础。因此，同学们在校期间要积极参加各项有益身心健康发展的体育锻炼和社会活动，不断提高自己的身心素质。当今社会生活节奏快，工作压力大，我们特别要注意培养健康的情感和坚强的意志。积极健康的情感，使人思路开阔，思维敏捷，有利于我们适应社会；意志是人类所特有的心理现象，能经受挫折，有坚强的意志是成就事业的基石。

第一章　职业与职业生涯规划

3. 职业素质的具体内容

（1）**从事管理型职业应具备的素质。** 管理型职业主要包括国民经济管理、企业管理、金融管理、财政管理、外贸管理、行政管理等工作。从事管理型职业的人员应具备的素质主要包括：能忠实贯彻国家的方针政策并能灵活运用，有高度的公仆意识；具备坚实的管理专业理论和实践知识，同时具有广博的自然知识和社会知识；具备一定的领导、组织协调和社交才能以及中外语言文字表达能力；具有健康的身体和充沛的精力，以应付千头万绪和千变万化的工作。

（2）**从事科研型职业应具备的素质。** 科研型职业包括自然科学研究和社会科学研究两大类。科研工作是一种创造性劳动，科研人员应该具备以创造力为核心的知识结构。具体来说：具备深厚扎实的基础知识和外语交流能力，既有专长又有渊博的知识，达到专与博的有效结合；具备创造力、熟练的基本技能、理论理解力和应用判断力以及将其融会贯通、协调结合的能力；具备独立思考、勤于实践、不怕挫折的良好心理素质。

（3）**从事工程型职业应具备的素质。** 工程型职业，主要是指工业、建筑业等行业的工程技术人员从事的职业。此行业人员要有不辞劳苦、艰苦奋斗的创业精神和严肃认真、一丝不苟的工作态度；要谦虚谨慎，深入工作第一线，能和同事密切合作；在牢固掌握专业知识的基础上，对相近专业的知识要比较了解，并有较好的外语水平、计算机应用能力、语言表达能力和将理论应用于实践的能力。

（4）**从事社会型职业应具备的素质。** 社会型职业包括教书育人、救死扶伤、提供公共服务、协调人际关系、为人们提供生活便利等方面的工作。例如，教师、医生、律师、法官、广播电视工作者等社会公共事业服务人员从事的便是社会型职业。社会型职业要求从业人员在知识素质方面，具有基础的科学文化知识，尤其是具有广泛的知识面和职业要求的专门知识；在能力素质方面，有一定的理解能力、社会活动能力、组织协调能力、自身形象设计能力和文字表达能力等。

（5）**从事事务型职业应具备的素质。** 事务型职业，是指与组织机构内部日常的制度性、规范性、信息传播等有关的事务处理的职业活动。例如，打字员、档案管理员、办事员、秘书、图书管理员、法院书记等从事的便是事务型职业。事务型职业对从业者的素质要求在知识方面侧重于基础文化知识，对于职业技术专业知识有较为具体的要求，如要求从业人员懂得统计、档案管理知识，熟悉专门法规和规章条例等，一些涉外单位对外语也有较高要求；在能力方面要求具有较强的社交能力、语言表达能力和办事能力等。事务型职业中不少岗位要求从业人员严守纪律，保守机密，有的还有礼仪方面的特殊要求。

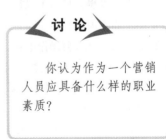

讨论

你认为作为一个营销人员应具备什么样的职业素质？

（6）**从事文化型职业应具备的素质**。作家、服装设计师、音乐家、舞蹈家、摄影家、书画家、雕刻家、广告设计师等从事的便是文化型职业。文化型职业在知识和能力方面对从业者的素质要求：一是能博采众长和广泛涉猎；二是敏锐的观察力；三是丰富的想象力；四是坚强的毅力；五是得天独厚的艺术天赋；六是不断创新的精神。

（7）**其他**。随着经济的全球化，人才竞争的国际化，中、外文语言的表达沟通能力和计算机操作使用技能已经成为从事各种职业类型所要具备的基本技能。

二、新时期社会职业发展趋势

随着经济发展和社会的不断进步，职业也在不断地发展变化。社会和经济的发展直接推动着职业的发展，职业的发展也对社会和经济的发展发挥着重要作用，同时，职业的发展也对人们的择业观念产生了较大的影响。因为职业与经济发展存在着紧密联系，所以对于职业技术学校毕业生来说，若要成功地选择职业，除了需要对社会职业有所了解，还有必要把握其发展的新趋势。

总体上，现在职业呈现出以下几种发展趋势。

（1）**体力劳动脑力化**。任何一种职业都需要劳动者付出一定的体力和脑力劳动，人们常把付出体力劳动为主的职业称为体力劳动职业，把付出脑力劳动为主的职业称为脑力劳动职业。随着科技的不断发展，机械化和自动化的普及，越来越多的职业体力消耗减少，脑力消耗增加，于是就出现了体力劳动脑力化。

（2）**职业对就业者的要求不断提高**。体力劳动脑力化会使部分职业或职位对就业者的基本要求不断提高。另外有一些职业，因技术的发展或因其任务、职责有一定改变而对就业者的要求不断提高。随着科学技术的发展，职业的专业化程度越来越高，若不具备一定的专业能力就无法胜任工作。另外，职业除了专业化程度越来越强外，还开始向综合化、多元化方向发展，打破了以往每种职业都有相对固定范围的界限，职业与职业之间相互交叉延伸、界限模糊，对从业者素质的要求也越来越高。如会计师职位，不但要求就业者会打算盘，而且要求会操作电脑，懂经济法；以前的研究人员只管科学理论的研究和科研成果的鉴定，而现在很多研究人员，既是研究者又是市场开拓者和经营者，有的还是管理者。

（3）**第三产业中的职业数量不断增加**。职业的产生是社会分工的结果。社会分工有三个层次，即一般分工、特殊分工和个别分工。一般分工分出第一产业、第二产业、第三产业；特殊分工划分出不同行业；个别分工划分出职业岗位。以往人们认为第三产业是服务性行业，所以不太重视，许多经济学家认为第一产业和第二产业创造财富，第三产业不创造财富。因此，一些国家和地区在制定经济发展战略时优先发展第一产业和第二产业，忽视了发展第三产业。而现在第三产业受到了前所未有的重视，在国民经济发展中所起的作用越来越大。2010年我国沿海发达地区第三产业的就业人数达到或超过就业总数的50%。

第一章　职业与职业生涯规划

（4）职业的更新速度不断加快。随着科学技术的发展，职业种类在数量上由少到多，职业的专业化越来越强，呈现出综合化和多元化的发展趋势。

（5）职业的教育性更加突出。各种就业岗位，需要更多的受过良好教育的掌握最新技术的技术工人，单纯的体力劳动或机械操作的职业将明显减少。

（6）永久性职业减少。只有少数人能拥有"永久性"的工作，而从事计时、计件或临时性职业的人会越来越多。

（7）不同类别职业数量比例不断变化。国内外职业发展的趋势具体表现为一些职业的职位迅速地增多，而另一些职业的职位在迅速地减少。新职业的不断出现使新职位占到社会总职位数的一定比重，旧的职业会不断被淘汰。

三、择业观念的转变

1. 职业选择的含义

（1）**职业选择是人生的一种决策**。职业选择，即择业，是个人对于自己就业方向和工作岗位类别的比较、挑选和确定，是一种人生的决策。职业选择是人们职业生活的正式开始，是人生道路的关键环节，也是人成为社会活动的主体、实现其人生价值的开始。选择一个职业，走上新的岗位，也是人生命运的转折点。

（2）**职业选择是个人能力意向和社会岗位的统一**。"人"是复杂的，不同的人有不同的择业目标，社会上的职业岗位也对将要聘用的劳动者进行挑选。在这里，选择是双向的。个人与用人单位既作为选择对方的主体，个人的条件与用人单位的空缺岗位又作为被对方选择的客体，在这种双向选择过程中，个人的能力、意愿与社会的岗位三者有机统一，个人才能真正实现职业选择。

（3）**职业选择是一种现实化的过程**。职业选择，包括个人的选择与被选择，实际上是一种个人意向的现实化过程。进一步分析，这种现实化又包含两方面的内容：

❶ 个人向客观现实妥协的过程

当个人的选择意向与实际情况不尽相符、存在矛盾的时候（须知，这种不符是大量的，甚至可以说是对所有人都存在的），人的职业选择就是在进行选择时一种打破幻想、承认实际、降低要求的过程，也就是向客观现实妥协的过程。

❷ 个人对"我与职业"关系的调适过程

向现实妥协，对于存在着浪漫情调和幻想色彩的青年来说，可能是不情愿的、不甘心的，甚至是痛苦的，但又是非常必要的。因为，这使人能够真正地认识自我，真正地认识个人在社会中的真实地位和现状，是一种自我反思后真正能够解决"我与职业"的关系，从而科学合理地完成职业选择的"调适"过程。

2. 职业选择的现实意义

国际劳工组织指出，要实行自由选择的就业。在我国的改革大潮中，职业的自由选择已经成为现实，具体来说，职业的选择作为适应社会进步和人类自身发展、完善的活动，具有下述作用。

（1）有利于劳动要素与物质要素的良性结合。个人选择职业，可以自主地实现与物质要素的结合，符合"人"这种能动性主体生产要素的要求，这有利于个人较好地就业，有利于生产要素的双向优化配置。

（2）有利于取得较大的经济效益。合理的职业选择，可以使人们走上适当的岗位，较快地实现职业适应。人们在合适的岗位就乐于工作，劳动积极性高，这也有利于提高劳动效率和减少由于不适应岗位所造成的各种浪费，从而取得较大的经济效益。

（3）有利于达到多方面的社会效益。在实行充分职业选择的条件下，人们可以各尽其能、各司其职。在为自己创造物质财富的同时，也为社会创造出物质财富；在实现自我人生价值的同时，也对社会的发展做出了贡献。

3. 影响择业观的主要因素

职业选择对于个人的发展和社会的和谐有着重要作用，但是，在实际的职业选择中，同学们的择业观却受到各种因素的影响。这些因素主要包括个人因素、环境因素和薪酬因素等。

（1）个人因素。个人因素，即内因，是求职者个体方面的情况对职业选择的影响，大致归为以下几个方面：

❶ 个人目标	每个人都有自己的奋斗目标，不同的目标影响到职业的选择。有人想成为一个在某一领域的知名学者，也有人想成为一名企业家，这些不同的目标都会影响到职业的选择。当然，可能有些人的目标不够清晰，那你不妨问自己一下："我想成为一个什么样的人？什么东西最值得我去追求？"这样你就会"发现"自己的目标之所在。也许你会说，我没有什么人生目标，只想多挣钱；或者只想安安稳稳地生活，但实际上这也是一种人生目标，同样会影响到你的职业选择。
❷ 个性特点和能力特征	一个没有什么管理能力的人，一般不应选择诸如职业经理之类的管理岗位；一个沉默寡言、不好交往的人，一般也不宜选择诸如营销、公关类的工作。由此可见，个性特点和能力特征对人们的职业选择范围是有一定影响的。

第一章　职业与职业生涯规划

❸ 年龄因素	年龄是通过人们职业心理方面的成熟而影响职业选择的。一般来说，在职业发展初期，人们的生理心理都不稳定，从而在职业选择时会有一定的冲动性和新奇性。进入中年的时候，随着社会阅历和经验的丰富，头脑也更冷静，目标也更明确，这样在职业选择中就更有针对性、也更稳重。接近老年时，人们不太容易接受新的、多变的职业环境，而是趋向于选择很稳定的职业。
❹ 教育文化因素	接受一定的文化知识教育和职业技术培训，会使人在择业上占有不少优势。首先，从就业机会来看，有调查表明，专业性就业的机会，是一般就业机会的两倍。其次，在等级管理制度下，教育可提高人的社会地位，较高的学历或较多的教育经历是取得地位较高的职业的一个条件。再次，在就职后的纵向发展——如职称评定、加薪提职上，具有较高文化程度的人也有更多的机会和更大的优势。

你知道吗

性别对职业选择的影响

　　在中国职业领域，男女平等的实现程度，相对而言还是比较高的。但是，由于传统的职业观和对男女的"社会角色期望"差异的存在，在职业选择中，还是存在性别因素的影响。一方面，受传统观念的影响，有事业心的"女强人"经常遭到人们的非议，使这些女性在事业发展中受到更大的阻力，遇到更多的困难，得不到太多的理解。这种情况也使其他女性在择业时，不得不更多地考虑婚姻、家庭等与事业的关系，影响了她们对工作的投入和谋求发展的程度。另一方面，随着观念的开放，原来认为男性才能干的事如经商、从政等，女性也可以涉足，并为人们所接受。但一些传统的女性工作，如保育员、幼儿教师等，对于男性仍是难以跨过的门槛。这样，男性的职业选择余地相对来说反倒小了。

　　（2）环境因素。环境因素通过影响择业者的心态而影响其职业选择。

❶ 社会因素	首先，社会习俗和职业传统影响着人们的择业策略。如"女孩子安稳些好""男孩子当老师没出息"等观念，束缚着一部分人的职业选择。其次，社会舆论和当前社会上流行的价值观影响着人们的择业策略。比如，20世纪80年代，整个社会弥散着创业气氛，全国掀起一股"下海热""经商热"的浪潮，影响了许多人的择业趋向。再次，社会通过特定的人际交往、人际关系影响择业者的心态和行为，有时形成一种环境的压力，促使择业者做出某种选择。
❷ 家庭因素	家庭因素对人们择业的影响表现在两个方面：其一是家庭成员的影响和干预，如想从事个体经营的青年，可能受到几代书香世家的捍卫者——父母的重重阻挠。家庭成员有时把社会偏见更具体化，形成直接压力。其二是家庭的经济状况和社会地位。如家境拮据的人，可能想找待遇好些的工作；较为低层、受压制的家庭的孩子，则可能想出人头地，改善现状。
❸ 信息因素	信息是职业选择的前提和依据。求职者掌握的信息量越大、越新，职业选择的主动权也就越大。信息既为求职者提供了机会和条件，同时又制约着选择，从而保证个人和单位能各得其所。信息也提供给人们新产业和新职业的动向，为人们作某种规划或某些决策提供依据。
❹ 用人单位的发展前景和内部环境	在选择职业时，用人单位的发展前景也是一个影响因素。在一个规模大、领导知人善用、重视发挥人才的作用、发展势头良好的单位工作，个人的发展前途一般也不会太差，人们自然愿意选择这样的用人单位。就单位的内部环境来说，也有两个重要因素影响人们的职业选择：培训机会和人际关系，特别是培训机会已成为白领们择业时首先要考虑的一个因素，因为在社会发展日新月异的今天，培训机会的多少已成为影响个人职业发展的重要因素。人际关系也是择业时所不得不考虑的因素，在一个人际关系紧张、互相钩心斗角的团体里，个人不仅很难取得什么成就，而且个人的情绪和心理健康也会受到不良影响。
❺ 机遇	在职业选择中，有时会有一些意外的、偶然的机会影响个人职业选择的方向和进程，这便是机遇的因素。这种因素虽然具有不稳定性和不可预见性，但如果有所准备，并适当把握，还是会有意想不到的效果的。

（3）**薪酬因素**。薪酬是指物质待遇，包括工资、奖金以及各种福利待遇。在过去，工资水平都是国家规定的，各行业、各单位之间差别不大。如今，工资在人们的物质待遇中所占的比重已大大下降，各种补贴、奖金和其他待遇已成为不同性质工作的主要差别。为此，在择业前对单位的薪酬应该了解清楚，毕竟收入的高低也是衡量一个人社会贡献大小和社会地位高低的一个重要方面。当然，我们也不能一味地追求实惠而荒废了自己的专业，忽视了自己的个人发展。

4. 遵循正确择业原则

职业选择是中职毕业生在一定职业需要的驱动下，根据社会需求所做出的选择行为。在职业选择中，每个人的价值理念和背景不同，往往会做出不同的决策。毕业生在择业时，正确地认识和掌握择业原则，不仅有助于个人找到合适的职业岗位，而且有利于个人的成长、成才和职业理想的实现。

（1）**从实际出发，及时就业原则**。职业技术类学生在职业选择时，一定要从实际情况出发，谨防脱离实际、贪图虚荣、盲目攀比，走入就业误区，浪费青春时光。从实际情况出发就是要清晰地认识自己，同时要了解职业。认识自己既包括认识自己的各种个性优缺点和能力水平及特征，也包括认识自己的生理素质、知识结构和职业适应性，目的在于真正发现自己最适合干什么工作。了解职业，既要了解各种职业的性质、特点、报酬等，也要了解各类职业对人的素质要求。此外，还要加深对职业流动性的认识，改变一次就业定终身的状况。

了解职业的目的在于增强求职的针对性，以便及时就业。对自己和职业都有了清晰的认识和正确的评价，才能避免随大流、赶时髦，从而在激烈的竞争中保持平衡的就业心理，找到真正适合自己的位置，及时就业。

（2）**发挥个人素质优势原则**。所谓发挥素质优势，是指青年学生在面临职业岗位选择时，正确评估自己的素质、能力情况，将个人的求职意愿与社会的客观需要结合起来，加以全面而充分的考虑，侧重某一特长或某一优势来选择职业岗位，以利于今后在职业岗位上顺利而出色地完成本职工作。发挥个人素质优势原则，同时也体现了现实需要性原则、个人发展性原则以及从实际出发的原则。例如，某个岗位就需要有某方面素质优势的人才才能做好，同时在做好这项工作的同时，人尽其

> 有人说，择业就是要选择工资高、劳动强度弱、工作环境舒适的工作，对吗？

才、才尽其用，个人也获得了很好的发展，那么这个职位选择无疑是实事求是的。各人的情况不同，能力也有差异，根据不同的能力选择不同的职业岗位，是充分发挥个人素质优势的最佳选择。

（3）**个人发展性原则**。个人发展性原则，包括两方面的含义：一方面，在择业时要注意选择那些有利于自己今后发展的职业，根据自己的特长、兴趣等因素，综合判断自己在今后的职业岗位上有无发展前途，能否把自己所从事的职业作为事业去做。另一方面，在择业时要考虑这种职业在当时当地有没有发展前途。有的职业在当时当地可能还不景气，但是根据资源及社会需要的分析，在不久的将来会有很大的发展，就可选择。

（4）**现实需要性原则**。现实需要性原则主要是学生在择业时，要考虑到特定的环境条件和时代要求，而不能脱离社会现实，孤立地追求"自我设计"。包括职业技术类学校的毕业生都想去大城市就业，但是，要看到近年来就业形势的严峻，与那些高等院校的毕业生相比，职业技术类学校毕业生在竞争高级岗位时处于劣势。而国家正在实施科教兴国的战略方针，一些国家重点建设项目、重点单位、西部及边远地区、艰苦行业以及对国民经济影响较大的能源、农林、交通、原材料部门需要人才，地、市及区县的大中型企业需要人才，一些集体、联营、股份制等经济类型的企业更急需人才。职业技术类学生在择业时，可以考虑到中西部的地、市及区县就业或创业，这既符合国家建设的现实需要，也适合职业技术类学生发挥自己所学的个人现实需要。只有这样，才能更好地实现自身的价值和成才的抱负。

5. 择业观念的转变

择业观念是毕业生的世界观、人生观、价值观在择业活动中的综合反映，是他们对于择业的目的、意义的根本看法和态度的体现。择业观念的正确与否将直接影响到毕业生能否正确认识自我、适应社会并成功就业，也将在一定程度上影响到国家经济和社会的持续发展。同时，随着产业结构的调整、职业的变迁，"皇帝的女儿不愁嫁"已成为历史，就业形势的严峻要求毕业生顺应潮流，转变择业思路，树立正确而新型的择业观。

（1）**自主择业**。"双向选择，自主择业"已经成为社会现实，大势所趋。然而，在择业活动中，常可见到这样的情况，有不少同学自己羞于碰壁，竟然让家长去给自己投简历，有的由家长陪着参加"双向选择"会，不能显出自主择业能力。有的同学在与用人单位洽谈时，心情紧张，甚至连自己的基本情况都表达不清楚。有的对自主择业，说起来热情很高，精神振奋，可一旦在择业中碰了壁，就心灰意冷，总希望家人托关系找到一个就业机会。在发展社会主义市场经济的今天，同学们应该确立与之相适应的自主择业观念，树立竞争意识，克服依赖心理，积极参与竞争。在择业中，不能人云亦云，要有自己独立的判断能力，从就业的形势、国家的需要、自身的实际情况、事业的发展来综合考虑，实事求是地做出符合自己的选择。

（2）**勇于面对竞争**。市场经济的鲜明的特点是自主性、开放性和竞争性等，它在为人们的经济活动提供广阔的舞台和自由空间的同时，也渗透了更强的竞争力。竞争可以激发人们自立、自强、自主的精神，调动人的内在潜能，增强人的工作和社会活动的能力，因此，竞争意识是现代人必备的观念之一。毕业生就业市场同样存在着激烈的竞争，面对就业竞争的现实，毕业生应当摆脱被动依赖、消极等待的状况，敢于竞争，树立"爱拼才会赢"的竞争观念，做好多方面的竞争准备。

❶ 要树立强烈的竞争意识

现在全国每年都有几百万的大中专毕业生要在短短的几个月内集中完成就业，这确实对每个毕业生来说都存在着一定的压力。面对市场经济优胜劣汰的原则，同学们只有平静地接受并勇敢地投入竞争。如果没有强烈的竞争意识，不把外在的压力转化为内在的动力，没有主动竞争的思想准备和积极参与竞争的行动及实力，显然是难以顺利就业的。在双向选择的人才市场，供求关系总会存在这样或那样的一些不平衡之处，同一种职业往往有较多的择业者期望获得，择业者要想实现自己的期望目标，唯有勇敢地踏上竞争之旅。

❷ 要培养雄厚的竞争实力

要想在就业竞争中获得成功，仅有竞争意识是远远不够的，还须具备雄厚的实力。一个人的竞争实力是个人综合素质的体现，包括个人的思想品德素质、专业素质、心理素质等，这是每个学生实现自己择业理想的资本。竞争实力既表现为综合素质实力，即思想、品格、成长阅历、工作能力、学业成绩、专业水平、身心条件等，也表现为择业活动能力，即获得信息能力、自荐能力、应答礼仪等。竞争实力是在学校生活的过程中逐渐培养和塑造的结果，因此，中职生从进入校园起，就应该在学习知识、锻炼技能及投身社会实践、承担社会工作的同时，培养和提高自身综合素质，增强择业时的竞争实力。

❸ 要坚持正确的竞争原则

由于就业机会有限，可能会带来残酷无情的优胜劣汰，坚持公平、公开、公正的原则，坚持正确的竞争道德性原则显得十分必要。中职生在就业竞争面前务必要保持自己的人格尊严，诚实守信，凭自身的实力并运用恰当的竞争技巧去赢得用人单位的青睐，那些伪造虚假求职材料，向用人单位提供虚假信息的人终究会弄巧成拙，耽误自己的前途。

❹ 要保持良好的竞争心态

竞争中伴随着风险，参与竞争难免会遭遇暂时的挫折，对处于择业竞争压力中的毕业生来说，尤其要注意提高遭受挫折后的心理承受能力。把挫折看成是锻炼意志、省察自我的好机会，认真分析失败的原因，调整自己的心态和择业目标，保持良好的竞争心态，摆脱受到挫折后的沮丧情绪，投入新的竞争中，争取新的机会。

（3）到基层、进农村。刚刚走出校门，即将踏入社会的青年学生理想远大，心怀斗志，向往大城市、沿海地区等经济发达、待遇丰厚的地区，这些都是没有错的。但是，这些城市各种人才高度集中，而不少单位接收能力很有限，且不说由于竞争的激烈，应聘未必会录用。即使被录用，大多并非个人兴趣所在，度日如年，被淹没在人才泛滥的大海之中。同时还要看到，我们国家正进行经济结构的调整，企业加大改革力度，减员增效，机关事业单位也要减员，用人需求量比往年有所下降，僧多粥少，很多人势必被减裁，与其如此，不如不去。

基层、农村工作虽然比较艰苦，工作环境和生活条件相对较差，但由于缺乏人才，大有用武之地，急需青年毕业生去开拓、去创业。"宝剑锋从磨砺出，梅花香自苦寒来"，艰苦的锻炼、工作经验和能力的逐步积累，会为创业带来巨大的资本和成就。只要真正深入到基层、农村当中，扎扎实实地工作，就能一步步实现自己的理想和追求。

你知道吗

发展西部成就事业

改革开放以来，特别是我国实施西部大开发战略以来，我国的西部及农村的社会、经济、文化发生了显著的变化，创造了大量的就业机会，迫切需要大量优秀毕业生投身于西部和农村的广阔天地，传播星火科技，发展西部经济，带领农民致富。同时，西部和农村的广阔天地也为毕业生施展才华、实现理想创造了条件。如果只在城市就业，那么就业的路子就会越走越窄。到祖国的西部和农村发展，更有可能成为新的工作岗位的创造者，尤其是一些农学、林学专业的毕业生，更应考虑专业因素，下基层锻炼，积累知识，理论与实践结合，成就自己的事业。

（4）**先就业后择业**。中国人向来追求稳定的生活条件。在计划经济条件下，一次就业定终身的观念，经过历史的积淀便形成了具有普遍性的就业心理。而现代社会市场优化配置资源的方式是合理的流动，人力资源也同样要随着那只"无形的手"流动，社会不再有从一而终的职业。毕业生不必急于在短时间内找到一个固定的"铁饭碗"，要学会在流动中求生存求发展。近年来，一部分毕业生，特别是职业技术类学校毕业生，不再勉强找一个固定的就业单位，而是毕业时将户口迁回生源地。人事代理制度的不断完善，也为毕业生的流动就业创造了条件。把档案托管在工作地的人才交流中心，哪里找到岗位就在哪里就业。因此，毕业生要树立不断进取的职业流动观念，并学会在流动中发展机会、抓住机会、把握机会，先就业后择业，打破一步到位、从一而终的旧的就业观。

（5）**自主创业**。自主创业是指毕业生不参加市场上双向选择的就业，通过采取单干、合伙等方式创办企业，从事技术开发、科技服务以及其他经营活动来创造就业岗位，并合法取得劳动报酬的择业方式。国家在调控毕业生就业政策的同时，鼓励毕业生自主创业，自主创业给最具活力和创造力的学生军提供了就业以外的"创新之路"。诚然，自主创业具有一定的风险，但是，随着我国政治、经济、文化和学校教育制度的不断改革，自主创业将是一个必然的趋势。

知识点 3 职业生涯规划

一、职业生涯的含义及其特征

1. 职业生涯的含义

规划人生，对于每一个不想虚度年华的人来说都是十分重要的。现代社会复杂多变，人生事业发展更需要职业生涯规划。对即将步入社会的中职生来说，为了实现人生理想和价值，就应善于规划好自己的职业生涯。

职业生涯是以开发人的心理、生理、智力、技能、伦理等潜能为基础，以工作内容的确定和变化、工作业绩的评价、工资待遇、职称、职务的变动为标志，以满足需求为目标的工作经历和内心体验的经历。它是个体而非群体或组织的行为经历，是一个人一生之中的工作任职经历或历程，包含着从事何种职业工作、职业发展的阶段、由一种职业向另一种职业的转换等具体内容。

2. 职业生涯的特征

（1）**差异性**。从个性来说，每个人的成长环境、文化背景、个性类型、文化资本构成、价值观、能力、职业生涯目标、对成功评价的标准等不尽相同，所以不同的人对自己的职业生涯规划也不相同。从职业来说，每个人都有自己的职业条件，有自己的职业理想，有自己的职业选择，有为实现自己的职业理想所做的种种不同努力，从而有着与别人相区别的独特的职业生涯历程。因此说，人生职业生涯规划是个性化的职业发展蓝图，无论是单位的领导还是父母朋友，都无法替个人做规划；组织和企业也不能把既定的职业生涯规划强加在个人身上。从这个意义上来讲，个人职业生涯规划没有一套固定的模式，只能由个人根据自己的实际情况细加斟酌。

（2）**变化性**。每一个人的职业生涯都不是一成不变的，都是一种发展、变化的动态过程。就个人的整个职业生涯来讲，它是一个具有一定逻辑性的演进过程。

（3）**阶段性**。每个人的职业生涯发展过程都有着不同的阶段，不同的职业生涯阶段有着不同的目标和任务，根据这些目标和任务的特点，个人的职业生涯又可以分为不同的时期。职业生涯的各个阶段及时期之间具有持续的递进性。

（4）**互动性**。个人的职业生涯是个人在职业活动中与他人、社会环境等互动的结果。个人在职业活动中与外界互动而形成的"自我"观念，对于其职业生涯有着重要的影响。

（5）**整合性**。个人所从事的工作或职业与他的生活是相联系的，职业情况往往会决定他的生活状态，而生活又影响着职业发展，有时候职业与生活两者之间又很难区别。因此，职业生涯应具有整合性，考虑到人生发展的各个层面，不能仅仅局限于工作或职业。

（6）**操作性**。职业生涯计划与职业发展过程有时会不一致，因此，在制定职业生涯规划时，应周密预测职业发展过程会遇到的可能性因素，制订的职业生涯计划要有确定的行为方向、行为时间和操作方法，并且要留有一定的灵活性。

二、职业生涯的规划

个人职业生涯的规划要遵循一定的步骤和方法，具体可分为以下三步：

1. 分析自我实际条件

进行职业生涯设计，首先要对自我条件进行分析，也就是正确认识和评价自己。要通过科学认知的方法和手段，对自己的职业兴趣、气质、性格、能力等进行全面认识，清楚自己的优势与特长，劣势与不足。要客观、冷静地进行自我分析，既要看到自己的优点，

第一章　职业与职业生涯规划

又要面对自己的缺点。只有这样，才能避免职业生涯设计中的盲目性，使设计符合自身实际。

（1）**对自己现实条件的分析**。在对自己的现实条件进行分析时，要问自己，"我学习了什么""我曾经做过什么""我最成功的是什么"等，从而明确自己的能力大小，看看自己的优势和劣势，找出自己与众不同的地方并发扬光大，根据过去的经验选择、推断未来可能的工作方向与机会，从而确定自己的职业努力方向，彻底解决"我能干什么"的问题。

（2）**对职业环境中人际关系的分析**。个人处于复杂的职业环境中，不可避免地要与职业内外的各种人打交道，因而分析人际关系状况显得尤为必要。在进行职业生涯设计时，人际关系分析应着眼于以下几个方面：个人职业发展过程中将与哪些人交往，其中哪些人将对自身发展起重要作用，工作中会遇到什么样的上下级、同事及竞争者，他们对自己会有什么影响，与他们如何相处等。

（3）**对自我职业发展潜力的分析**。职业角色的发展与职业所在的行业的发展有着密切的关系。进行职业生涯设计时，不要仅仅看到想从事职业的大小、名气，而是要对该职业所在的行业现状和发展前景有比较深入的了解，比如人才供给情况、平均工资状况、行业的非正式团体规范等。不同的职业岗位对求职者的自身素质和能力有着不同的要求，在职业生涯设计时，除了了解职业岗位的非职业素质要求外，还要了解职业素质要求；除了了解所需要的一般能力外，还要了解所需要的特殊职业能力。分析自己潜在的能力和条件，寻找到哪些是可以经过努力达到和具备的，从而在职业生涯设计中制定出具体的方案。

> 古人说，"常立志"和"立长志"，那么在职业生涯规划中是怎样去理解的？

（4）**认识自己的不足，及时弥补**。自古以来"金无足赤，人无完人"，由于自我经历的不同、环境的局限，每个人都无法避免与生俱来的弱点，无法避免一些经验上的欠缺，因此，必须正视并尽快减少其对自己的影响。卡耐基曾说："人性的弱点并不可怕，关键要正确地认识，认真地对待，尽量寻找弥补、克服的方法，使自我趋于完善。"要能够平静下来，多跟别人好好聊聊，尤其是与自己相熟的如父母、同学、朋友等交谈。看看别人眼中的你是什么样子，与你的预想是否一致，找出其中的偏差，努力克服和提高。

（5）**对社会就业环境及其变化的分析**。由于职业的流动和发展受社会经济、政治发展的影响，所以同学们在职业生涯设计时，要看到当前社会的政治、经济发展趋势，社会热点职业门类分布及需求状况，所学专业在社会上的需求形势，自己所选择职业在未来行业发展中的变化情况，在本行业中的地位、市场占有及发展趋势等。对这些社会发展大趋势问题的分析认识，有助于同学们把握职业社会需求，使自己的职业选择紧跟时代脚步。

2. 确定职业发展目标

职业理想形成后，每个人都会确立明确的职业目标。职业发展目标的确定，是个人理想的具体化和可操作化，是指可预想到的、有一定实现可能的目标。在职业生涯中，人生的职业目标有短期目标和长期目标以及近期目标和长远目标之分，而且在一定时期还有可能对职业目标进行一定的调整。职业生涯规划是根据一定的职业目标而进行的，是为了实现这个目标而做的设想和打算，因此，中职生应当确定自己的职业目标，包括打算成为哪方面的人才，打算在哪个领域成才等。对这些问题的不同答案不仅会影响个人职业生涯的设计，也会影响个人成功的机会。

职业发展目标确定的依据有三方面的因素：

（1）**社会需要**。选择职业作为一种社会活动必定受到一定的社会制约，任何人选择职业的自由都是相对的、有条件的。如果择业脱离社会需要，将很难被社会接纳。中职生应积极把握社会人才需求的动向，把社会需要作为出发点和归宿；以社会对个人的要求为准绳，既要看到眼前的利益，又要考虑长远的发展，既要考虑个人的因素，也要自觉服从社会的需要。

（2）**所学专业和技能**。职业技术类学校的学生都经过一定的专业训练，具有某一专业的知识和技能，这是其优势所在。每个专业都有一定培养目标和就业方向，在确定职业发展目标时，要考虑到自己的专业要求，靠运用所学的专业知识和技能来实现目标。

（3）**个人兴趣与能力特长**。职业发展目标的确定要与自己的性格、气质、兴趣、能力特长等方面相结合，充分发挥自己的优势，扬长避短，体现人尽其才、才尽其用的要求。

在确立职业发展目标时，只有综合考虑多种因素，才能选中符合自己愿望、对社会有用、成功可能性较大的正确目标。职业目标的选择并无定式可言，关键是依据自身实际，适合于自身发展。值得注意的是伴随现代科技与社会进步，个人要随时注意修正职业目标，尽量使自己职业的选择与社会的需求相适应，一定要跟上时代发展的脚步，适应社会需求，才不至于被淘汰出局。

3. 职业生涯的规划方案

我国专家将职业生涯分为 6 个时期：

（1）**职业准备期**。是指一个人就业前从事专业、职业技能学习的时期。这是职业生涯的起点，也是素质形成的主要时期，但此时很多人是盲目的，多是由别人带领或帮助走过的。

（2）**职业选择期**。是指人们根据社会需要和自己的素质和愿望，做出职业选择，走上工作岗位。这是职业生涯关键的一环，是个人的素质和愿望与社会需要相遇、碰撞和获得承认的时期。选择正确，往往一帆风顺；选择失误，或带来生涯的不顺利，或造成多次选择，浪费光阴，并且影响一生。

（3）**职业适应期**。是指人们走上岗位，即开始了对人的素质的实际检验。能力较强者能很快适应职业要求，素质较差或素质特点与职业要求相差较大的，需要通过培训来适应职业，而确实难以适应的则要重新进行职业选择。

（4）**职业稳定期**。这一时期是人的职业生涯的主体，从时间上看也占据职业生活期的绝大部分，一般是在人的成年、壮年时期。这一时期不仅是人们劳动效果最好的时期，也是人们养儿育女、担负繁重家庭责任的时期，因此，成年人往往倾向于稳定在某种职业，甚至某一特定岗位上。在这一时期如果从业者的素质能够得到发挥和提高，潜力得以体现，稳扎稳打，就可能抓住机会，逐步取得成果，成为某一领域的行家里手、专家权威，得以晋升，以达到成功的最高峰。

（5）**职业素质衰退期**。此时人步入老年，由于生理条件的变化，能力缓慢地衰退，心理需求逐步降低而求稳妥，各方面处于维持状态。由于市场竞争激烈，许多用人单位裁员，一般来说，年龄较大的被辞退的可能性就大。当然，也有一些老年人，一般属于专家、学者类的，其智力并没有衰退，而且知识、经验还有越来越多的积累，出现第二次创造高峰，再一次获得成功，达到事业的巅峰。

（6）**职业结束期**。是指人们由于年老或其他原因结束职业生活历程的短暂的过渡时期。

根据以上分类，中职生正处于职业准备后期或职业选择前期。

4. 制定职业发展措施

措施是实现目标的重要保证，要根据职业方向选择一个对自己有利的职业和得以实现自我价值的单位，以确保职业生涯规划的实施。在此基础上，根据自身能力设定发展轨迹，一级一级地向前发展。要在设计中能够预测工作范围的变化情况，不同工作对自己的要求及应对措施，如发展过程中出现偏差（工作不适应或解聘）的话，如何改变自己的方向；预测可能出现的竞争，如何相处与应对，分析自我提高的可靠途径。

三、职业生涯规划的意义

职业生涯是个人一生中最重要的历程，是实现自我追求的重要人生阶段，对人生价值的实现起着决定性的作用。因此，职业规划对个人的发展具有重要的意义。

1. 有利于明确个人的人生奋斗目标

　　法国一位思想家卢梭说过："选择职业是人生大事，因为职业决定了一个人的未来。"职业生涯规划可以帮助学生明确自己的人生奋斗目标，只有明确了人生目标，才会有为实现目标而努力奋斗的激情和意志，才可能避免随波逐流、虚度人生。事实也证明，有不少人由于对自己的职业生涯毫无规划、目标不明，当一天和尚撞一天钟，从而造成时光的消磨，导致事业的失败。实际上，不是他们没有足够的知识和才能去赢得人生的辉煌，失败主要在于他们没有明确地规划出最适合于自己成长和发展的职业生涯。

2. 有利于个人更好地了解自己的实力和特长

　　中职生往往对自己的实力和特长认识不足，特别是总认为自己学历低，因而产生自卑心理。职业生涯规划可以在规划的过程中帮助同学们正确地认识和评价自我，从而在知己所长及不足的基础上，制定出一个扬长避短的职业生涯规划，选择与自己实力和特长相匹配的职业。

> **讨 论**
>
> 　　请从网上搜索一两个职业生涯规划案例，试着布置一下自己的规划。

3. 有利于早日确立职业方向，为职业学习提供动力

　　有许多学生在学习中往往是一种比较散漫的态度，不知学为何用。职业生涯规划可以早日帮助同学们明确努力方向，从而知道自己需着重学习的专业知识、专门技能及其他方面的培养，自觉地制订学习计划，不断提高自身职业所需的专业知识和技能，做到有的放矢。

4. 职业生涯有利于满足人生需求

　　职业生涯是个人生命中投入时间、精力最多的人生组成部分。职业生涯不仅使我们可以得到物质方面的享受，而且在与他人、社会的互动中，也会使我们体验到爱与被爱的幸福、别人的尊重、富有成就感的快乐。

5. 职业生涯促进人的和谐发展

　　职业生涯与个人的生活是紧密相连的，与人的和谐发展有着密不可分的关系。它影响着个人的日常生活，是个人和谐发展的重要手段。追求成功的职业生涯，最终是要获得个人的和谐发展。

四、构建职业生涯的前期准备

1. 扎实学好职业需要的专业知识

知识的积累是人们成才的基础和必要条件,人们常常把一个人专业知识的深浅作为衡量其水平高低的标准。但是,单纯的知识积累并不足以表明一个人真正的知识水平。学生不仅要具有相当扎实的专业知识,还必须形成合理的专业知识结构,在职业生涯设计时,要能够根据职业和社会不断发展的具体要求,将已有知识科学地重组,构建合理的专业知识结构,最大限度地发挥专业知识的整体效能。

2. 提高职业发展需要的社会实践能力

综合实践能力和专业知识是用人单位选择求职者的依据。用人单位不仅考核学生的专业知识和技能,而且还考核其综合运用知识的能力、对环境的适应能力、对文化的整合能力和实际操作能力等。因此,学生除了要构建自己合理的专业知识结构外,还应具备从事本行业岗位的某些专业技能和其他基本能力。从某种意义上说,能力比知识更重要,只有将合理的专业知识结构和适于社会需要的各种专业技能和基本能力统一起来,才能在职业生涯中立于不败之地。一般来说,中职生应重点培养满足社会需要的决策能力、创造能力、社交能力、实际操作能力、组织管理能力和自我发展的终身学习能力、心理调适能力、随机应变能力等。

3. 适时参加有益的职业训练

职业训练包括职业技能的培训,对职业适应性的考核,职业意向的科学测定等。目前,同学们参与的暑期"三下乡"活动、"青年志愿者"活动、毕业实习工作、校园创业活动等都是职业训练很好的形式。除此之外,学校还可以邀请往届毕业生中的成功人士回校与学生座谈,邀请校外知名人士来校与学生面对面交流,鼓励有条件的同学利用假期到父母或亲戚所在单位实习,鼓励学生从事社会兼职工作,组织学生开展模拟性的职业实践活动,开展职业意向测评,开展职业兴趣分析测评等。中职生也应主动积极地参加有目的的职业训练,更早更多地了解职业,掌握职业技能,正确地引导自己的职业生涯设计。

除了以上几个方面,中职生在职业生涯设计时,还应培养良好的道德修养和健康的心理素质,比如正确对待择业挫折的心理素质和敢于竞争、善于竞争的心理素质等。

1. 请问可以从哪几个角度来理解职业的内涵?

2. 职业的作用是什么?

3. 产业如何进行分类?

4. 个人综合素质包含哪几个层面?

5. 职业素养的构成因素有哪些?

6. 试述环境因素对个人择业观念的影响。

第二章 国家就业政策及法律法规

教学目标

随着市场经济体制改革的深化，国家针对毕业生就业问题出台了一系列政策和法律法规，在当前政府鼓励自主择业的就业形势下，中职生应紧跟形势变化，了解相关政策，学会使用法律武器。

教学要求

认知：学生一方面应意识到就业压力，另一方面也应看到国家政策的大力扶持。

情感和态度：自主就业为学生提供了更多的选择空间，只要遵循规律，把握机遇，就能顺利就业。

运用：国家的法律法规为毕业生就业提供了导向和保障，学生应学习和掌握一定的法律知识进行自我保护。

知识点 1　我国的就业形势和就业政策

一、我国的就业形势及其发展趋势

1. 形势严峻

随着我国经济结构的调整，社会主义市场经济体制改革的深入进行，职业技术学校的毕业生面临着新的就业形势，出现了许多新情况、新问题。要想在当前人才市场激烈的竞争中寻找到理想的职业，除了要加强自我能力的培养外，还应该对当前的就业形势有一定了解。

当前就业形势严峻，就业难、待业现象已经出现。社会主义市场经济体制改革以来，就业方面的矛盾日益突出，劳动者充分就业的需求与劳动力总量过大、劳动力素质与职业要求不相适应之间的矛盾将长期存在。当前主要表现为国有企业和集体企业下岗职工增多，城镇新增就业量难以满足需要安排的就业劳动力；此外，每年还有大量的农村剩余劳动力向城镇非农产业转移；高校、职校扩招以来，毕业生数量猛增，每年都有几百万毕业生走向人才市场。这就使就业问题变得复杂、突出、紧迫，当前及今后较长时期内，我国就业形势将比较严峻。

2. 国家扶持

党和政府对就业工作十分重视。党和国家领导人多次在全国再就业工作会议上强调要把就业和再就业工作作为关系改革发展稳定的大事来抓。此外，随着我国进一步深化经济体制改革，大力调整经济结构，大量增加基础设施建设，实施西部大开发战略以及科教兴国和可持续发展战略等，都为毕业生提供了自我发展的大好契机，为就业和创业提供了更多的机会。

3. 发展趋势

就业形势的发展可以从以下三个方面分析：

（1）从所有制结构上看。国家采取鼓励、支持和引导个体及非公有制经济发展的政策，为我国非公有制经济的发展提供了很大的空间，私营、个体经济成为增加就业的一个

第二章　国家就业政策及法律法规

重要途径。特别是对于职业技术类学生来说，很多私营企业非常需要技术型人才，中职生也可以利用自己的专业知识和技能进行创业，搞个体经营。

（2）从产业结构上看。我国产业经济发展逐步向第三产业转移，第三产业有很大的发展潜力。第三产业从业人员逐年增加，成为扩大就业的一个主要出路。除了传统的商贸服务、餐饮业之外，保洁、绿化、保安、公共设施护卫等都成了新兴的就业岗位。

（3）从企业结构上看。中小企业和民营企业成为我国新增就业的主体。中小型企业比重大，创造的最终产品和服务的价值多，提供的产品、技术、出口所占比例也不低，中小型企业为人民的日常生活提供了及时而快捷的服务，满足了人们的日常生活需要。职业技术类学生不要好高骛远，应该充分发挥自己的优势，避免自己的不足，向中小企业进军，为职业发展提供更多的历练机会。

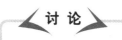

> **讨论**
>
> "天生我材必有用"与就业形势严峻矛盾吗？

同时也要看到，即使在当前严峻的就业形势下，我国职业技术类学生的就业率还是比较高的。毕竟高层次、高学历的人才需求还是少数，大部分的工作岗位需要技能型、技术型人才来承担，这与职业技术类学校的培养目标是一致的。一般高校的毕业生大多知识高于技能，职业技术类学生的优势就在于动手能力比较强，况且职业技术类学校设置的专业都是社会所急需的，而一般高校的专业设置有许多都是供过于求的。只要职业技术类学生在校消除非名校或高校的自卑心理，学好专业技术知识，掌握实际操作技术，熟练基本专业技能，根据社会需要，做好职业生涯规划，一定能够在未来的职业选择中找到自己的位置，做出自己的成就。

二、毕业生应了解的就业方针、原则

就业政策是毕业生就业形势的风向标，也是毕业生就业活动的指挥棒。例如，2002年，党中央、国务院确立了"市场导向、政策调控、学校推荐、学生与用人单位双向选择"的高校毕业生就业制度改革方向。毕业生在就业前，务必深入了解国家的就业方针和原则，熟悉就业的主要注意事项、各个环节实施的过程。根据自己的职业倾向，了解有关地区、行业的就业原则和要求，做到知己知彼。

1. 市场机制对就业的影响

（1）**市场就业制度概况**。解决就业问题，根本出路要靠市场，需要充分发挥市场配置人才资源的基础性作用。随着我国经济改革的不断深化，人才市场体系初步形成，市场管理和配置人才的功能不断完善，市场机制在促进人才合理流动中已开始发挥作用。为了适应这种变化，我国从 1995 年开始实行市场就业制度。市场就业制度是国家出让劳动者就业的承揽权，将劳动力纳入市场，使劳动力市场成为沟通劳动力供需双方的渠道；劳动力供需双方直接见面、互相选择，并以合同方式维系双方关系；劳动者在国家法律许可的范围内，自己开创事业，国家给劳动者提供优惠政策，并创造宽松的经营环境。

近年来，我国的人才市场有了很快发展，人才市场实现计算机储存、检索、建立人才网站，与全国各地人才服务机构相互链接，实现资源共享、信息互动，拓展服务领域，搭建了更为广阔的人才服务平台，网上找工作已经成为毕业生的主要方式。

（2）**市场机制下职业流动的特点**。在市场配置人力资源的基础作用下，职业流动日趋正常化，其特点也逐渐明显，总体上表现为六个方面：

❶ 与人力资本投入成反比	受教育和训练的时间长，人力资本投入高的劳动者，一般从事地位高、声望高、收入高的职业，流动的数量少、频率低；而以体力劳动为主的劳动者，因为人力资本投入低、适应工作能力差，流动的数量多、频率高。
❷ 与年龄成反比	青年群体中职业流动的数量和频率远远超过中年和老年群体。
❸ 区域性差别	一方面职业流动的方向为从不发达地区流向发达地区；另一方面，不发达地区内职业流动较缓慢，发达地区内的职业流动的频率远远高于不发达地区。
❹ 现代社会职业流动与家庭背景的相关因素较少	现代社会开放、公正，以素质、能力为本位，打破了子承父业的框框，竞争能力是职业向上流动的资本。
❺ 正常流动与非正常流动	在职业流动中，凡是促进劳动者全面发展、发挥专长，使其最大潜能得到施展的流动属正常流动；以某一方面的偏好或由于个别原因使劳动者从适合自己的岗位流动到不能发挥自己特长的岗位属非正常流动。
❻ 自由与控制	在市场经济条件下，劳动就业契约关系的形成有利于职业流动，但契约双方应信守合同，解除契约也需符合规范。

第二章 国家就业政策及法律法规

2. 国家的宏观调控

在积极发挥市场对人才的基础性配置作用的同时，国家也在积极履行促进就业的责任，从宏观上对人才市场的运行进行调控，以利于人才的合理流动和正常流动，促进社会的和谐发展。下面就是国家有关毕业生就业的一些方针、原则：

- 按照《中国教育改革和发展纲要》的规定，对国家任务计划招收的学生，原则上仍由国家负责在一定范围内安排就业，实行"供需见面"和"双向选择"的办法，落实毕业生就业方案。
- 贯彻统筹安排，合理使用，加强重点，兼顾一般和面向基层，充实生产、科研、教育第一线的方针。在保证国家需要的前提下，贯彻学以致用、人尽其才的原则。
- 国家采取措施，鼓励和引导毕业生到边远地区、艰苦行业和其他急需人才的地方去工作。国家规定来源于边远省区的高校毕业生只要是边远省区急需的，原则上回生源省区就业。
- 依据目前国民经济和社会发展的需求，优先保证国防、军工、国有大中型企业、重点科研和教学单位的需要。
- 国家教委直属高校的毕业生面向全国就业；国务院其他部委学校的毕业生主要面向本系统、本行业就业。
- 定向生、委培生，毕业后按合同规定派回原定向、委培单位（地区）工作。自费生毕业后应通过多种渠道、多种方式自主择业。"并轨"招收的学生毕业后，在国家就业方针政策指导下，在一定范围内自主择业。单招定向生毕业后回生源地所在县，安排到乡镇一级农业技术推广、农村经济管理、乡镇企业、合作经济组织、职业技术教育等岗位工作。
- 毕业研究生主要面向高等学校、全民所有制的科研单位、国有大中型企业、由财政拨款的文化、医药卫生等公益事业单位、人民解放军及党政机关就业。按自筹经费方式招收的毕业研究生，由学校负责推荐就业。
- 师范类毕业生由教育行政部门安排在教育系统内的教学、教育岗位上就业。
- 国家计划内招收的地方职业大学毕业生和电大普通专科班毕业生，主要面向生源所在地、面向基层、面向中小企业自主择业，就业后享受普通高校毕业生同等待遇。
- 坚持男女平等的原则，用人单位对毕业生择业不得做出有性别歧视的规定。

国家的宏观调控保证了人才市场的正常运行，为人才市场的成熟提供保障；同时也保证了国家重大部门及重点工程建设对人才的需求，有利于人才向不发达地区、偏远地区、基层的流动，促进当地人才结构的合理调整和经济、文化、教育事业的发展。

3. 劳动者自主择业

中国有句老话叫作"物以稀为贵"——商品的价格取决于市场的需求。在市场经济条件下，劳动力也是一种商品——职业技术学校的毕业生也是劳动力，就业也应该遵守市场规律、价值规律。学校教育能够在一定程度上保证学生的知识素养和技术训练，却从来不能给同学们的就业打包票，更不能给同学们找到好工作的必然承诺。作为受过职业技术教育的同学们，首先要清楚认识到近年来毕业生供给过剩的不争事实，有的毕业生走出校门两三年甚至更长时间还找不到合适的工作。"僧多粥少"的就业形势是就业难的客观原因，但同学们应该看到当前某些毕业生自身的能力和个人修养也是造成就业难的因素，比如说并不少见的好高骛远现象，好的工作做不了、差的工作又看不上，工作永远不嫌少、报酬却永远不嫌多，敬业精神差，最终落得"高不成低不就"。

你知道吗

正确看待当前就业难的问题

面对就业难的现实，作为受过职业技术教育的同学们更应该以正确的心态对待：

第一，应该更好地加强自身能力的培养，珍惜实习的机会而不应该把学校安排的实习当作走过场，通过实习真正积累工作的经验和实际动手能力。

第二，要消除对就业问题一切不合实际的幻想，在面临就业问题的时候要能够以正确的态度对待就业的困难和用人单位的要求。

第三，在就业问题上应该脚踏实地，不能好高骛远。须知道，无论在什么岗位上，是金子终究会发光的。

第四，要自尊，远离弄虚作假、失信毁约、贪图安逸等有损职业技术学校学生整体形象的劣性。

第五，学校要本着对学生就业负责的态度，更多地安排能够让学生更符合市场经济需要的课程。当然，也不是所有的课程都应该是市场化的课程。例如，像语文、思想道德修养等课程是个人和谐发展必需的课程，这样的课程既不能取消，更不能"市场化"。

第二章 国家就业政策及法律法规

三、促进就业的政策和措施

就业政策是党和政府在一定的历史条件和历史阶段为促进经济发展和社会进步，为劳动者创造就业条件、扩大就业机会所制定的行为准则。党的十一届三中全会以来，党和政府为了使毕业生就业工作适应社会主义市场经济体制的要求，保证大中专毕业生具有更多的就业机会和更优越的就业条件，进行了一系列就业制度的改革，制定了适应新的形势的就业政策。各类学校毕业生就业政策是党和国家就业政策的一个重要组成部分，对指导毕业生就业工作具有重要意义。

1. 就业政策的根本导向

2002年以来，中央出台了一系列为毕业生就业保驾护航的政策和措施，目的是为了缓解毕业生的就业压力，扫清就业道路上的体制障碍。在各种文件的规定中，党中央和国务院多次强调要支持和鼓励毕业生到基层和艰苦地区工作。引导和鼓励毕业生面向基层就业将是未来几年内就业政策的主要基调，也是当前和未来一段时间内毕业生就业工作的重点。

目前的毕业生就业，结构性矛盾比较突出，特别是就业的流向不平衡。一方面毕业生就业面临着一些困难和问题，另一方面广大基层特别是西部地区、艰苦边远地区和艰苦行业还存在人才匮乏的状况，需要大批人才特别是各类学校毕业生到这些地方建功立业。基层已成为吸纳毕业生的重要渠道，但目前到基层的毕业生，真正到县以下基层单位就业的很少。

积极引导和鼓励毕业生面向基层就业，有利于青年人才的健康成长和改善基层人才队伍的结构，有利于促进城乡和区域经济的协调发展，也是当前促进毕业生充分就业的最有效手段之一。

2. 毕业生就业模式的政策走向

国家大力强调面向基层就业，主要是指到西部县以下基层单位及艰苦边远地区、农村乡镇和城镇街道基层单位、中小企业（包括个体、私营经济等非公有制企业）等工作，此外还有自主创业与灵活就业。

（1）西部与艰苦边远地区。从2002年开始国家陆续出台一系列的优惠政策，激励更多的毕业生投身到西部基层和艰苦边远地区的开发建设中去。比如，对到西部县以下基层单位和艰苦边远地区就业的毕业生，实行来去自由的政策；对毕业后自愿去艰苦边远地区、艰苦行业工作，且服务达到一定年限的学生，其在校期间的国家助学贷款本息由国家代为偿还；到艰苦边远地区和国家扶贫开发重点县从业的毕业生，可提前执行转正定级工资，高定1~2档工资标准等。职业技术学校的毕业生应该充分利用自己动手能力强、技术素质好的优势，抓住机会，到西部和艰苦边远地区创业。

（2）**农村乡镇和城市街道等基层单位**。今后学校将会进一步扩大选调毕业生的规模，各省、自治区、直辖市每年都要选拔一定数量的应届毕业生到基层工作，充实到农村乡镇和城市街道等基层单位；招募毕业生到乡镇开展支教、支农、支医和扶贫工作；有计划地选拔一定数量的毕业生到农村和社区就业。对上述毕业生，国家也会提供诸如报考公务员和研究生等方面的优惠政策，力争实现在全国范围内每个村和社区至少有一名高校毕业生的目标。职业技术学校毕业生也可以考虑进一步深造，进入高等学府，享受国家有关优惠政策。

（3）**中小企业**。中小企业特别是非公有制企业，将是未来吸纳毕业生就业的生力军，国家会为毕业生到中小企业就业尽可能地扫清障碍，最大限度地保障毕业生的就业与劳动权益。比如，2005年2月，国务院下发了《国务院关于鼓励支持和引导个体私营等非公有制经济发展的若干意见》；2005年7月，中国银监会出台了《银行开展小企业贷款业务指导意见》等，这些政策的根本目的在于为各类中小企业的发展创造有利条件，增加中小企业的就业吸纳能力，保证社会的和谐与稳定。中小型企业是职业技术学校毕业生就业的主要去向，但是，在当前严峻的就业形势下，随着国家对中小型企业的鼓励、支持，引导高层次人才进入中小型企业就业，职业技术学校毕业生面临激烈竞争。因此，中职生们必须在学校期间就勤学苦练，追求技术的高、精、尖，技能的娴熟和高超，以在竞争中处于有利地位。

（4）**自主创业与灵活就业**。自主创业和灵活就业是就业的新模式。中央政府会尽力创造良好的政策环境和市场条件，鼓励和支持毕业生到基层自主创业和灵活就业。例如，自主创业贷款担保或贴息补贴、有关费用减免、人事档案管理等措施的实行；简化工商、税务等手续办理的程序。

3. 国家鼓励创业的优惠政策

国务院办公厅发布了《关于普通高等学校毕业生就业工作的通知》，规定对从事个体经营的高校毕业生实行免交登记类和管理类行政事业性收费政策。以此为参考，随着职业技术学校学生自主创业的发展，国家应该会将一些优惠政策扩大，惠及各类、各级学校毕业生，其内容如下：

- ◆ 应届高校毕业生从事个体经营的，除国家限制的行业（包括建筑业、娱乐业以及广告业、桑拿、按摩、网吧、氧吧等）外，自工商部门批准其经营之日起1年内免交登记类和管理类的各项行政事业性收费（以下简称"收费"）。
- ◆ 从事个体经营的高校毕业生免交的具体收费项目。主要包括：法律、行政法规规定的收费项目，国务院以及财政部、国家发展改革委（含原国家计委、原国家物价局，下同）批准的收费项目；各省、自治区、直辖市人民政府及其财政、价格主管部门批准的涉及个体经营的登记类和管理类收费项目。

第二章　国家就业政策及法律法规

- 从事个体经营的高校毕业生，应当向工商、税务、卫生、民政、劳动保障、公安、烟草等部门的相关收费单位出具本人身份证、高校毕业证以及工商部门批准从事个体经营的有效证件，经收费单位核实无误后按规定免交有关收费。
- 对从事个体经营的高校毕业生免收上述有关收费而减少的收入，主要由有关部门和单位调减支出项目自行消化，各级财政原则上不予补助。
- 各省、自治区、直辖市财政、价格主管部门应当通过广播、电视、报刊等新闻媒体，在本行政区域内公布免收费的具体项目，使高校毕业生及时了解和掌握有关收费优惠政策。工商、税务、卫生、民政、劳动保障、公安、烟草等部门应当督促本系统内的有关收费单位不折不扣地落实各项收费优惠政策。
- 各省、自治区、直辖市财政、价格主管部门要在各自的职责范围内加强对从事个体经营的高校毕业生收费优惠政策落实情况的监督检查，凡不按规定落实收费优惠政策的，要依据法律、法规规定予以严肃处理，确保有关收费优惠政策的贯彻落实。

你知道吗

法定收费项目

第一，工商部门收取的个体工商户注册登记费（包括开业登记、变更登记、补换营业执照及营业执照副本费用）、个体工商户管理费、集贸市场管理费、经济合同鉴证费、经济合同示范文本工本费。

第二，税务部门收取的税务登记证工本费。

第三，卫生部门收取的民办医疗机构管理费、卫生监测费、卫生质量检验费、预防性体检费、预防接种劳务费、卫生许可证工本费。

第四，民政部门收取的民办非企业单位登记费（含证书费）。

第五，劳动保障部门收取的劳动合同鉴证费、职业资格证书费。

第六，公安部门收取的特种行业许可证工本费。

第七，烟草部门收取的烟草专卖零售许可证费（含临时的零售许可证费）。

第八，国务院以及财政部、国家发展改革委批准的涉及个体经营的其他登记类和管理类收费项目。

4. 毕业生就业政策展望

作为教育改革重要组成部分的毕业生就业制度改革的目标就是，探索并建立一种新的就业机制，使其适应社会主义市场经济体制的要求。发展市场经济需要政策方针的不断完善，同样要求与其配套的就业政策在内容上必须加强：

（1）**在就业方针政策指导下，国家应加大毕业生就业宏观调控的力度**。例如，鼓励建立提供人才需求信息、就业咨询指导或职业介绍等的社会中介组织，通过发布社会就业率以及国家各行业和各地区的人才需求信息等，指导毕业生做出正确的职业选择，为毕业生就业提供服务。

（2）**实行完全自主择业的就业方式**。"就业市场化"是毕业生就业不可逆转的趋势。就业市场化，即指由原来单一的计划派遣方式，转向用人单位与毕业生之间"双向选择、供需见面"，使毕业生通过多种方式就业，如录用、聘用、自谋职业等。只有这样，才有利于人力资源配置的市场化。

（3）**培育、发展和健全人才劳务市场**。只有建立健全人才劳务市场，运用市场机制来调节毕业生的供求关系，才能实现毕业生资源的优化配置。

（4）**进一步完善人事代理制度，建立健全社会保障机制**。随着国家人事制度改革的不断深化，"自主择业""双向选择"的用人机制及全员劳动合同制、全员聘任制的实行，劳动者从"企业人""单位人"变为"社会人"，这就要求认识代理制度完善的重要性。只有更好地完善人事代理制度，才能更有效地为这种转变提供社会保障服务。

（5）**加强就业政策和就业法规建设**。现在，毕业生择业期延长，毕业生就业难现象更加明显，就业市场化与保障国家重点建设单位需要之间的矛盾更加突出了。上述问题的解决要求不断加强和完善国家的就业政策。同时，通过稳定的毕业生就业法规，可明确就业工作的基本原则，明确劳动人事部门的职责、用人单位及毕业生的权利和义务，使就业程序真正做到公正、公开、公平。通过条例法规的形式才能更好地规范毕业生就业市场、就业行为，使得政府有法可依。

第二章 国家就业政策及法律法规

知识点 2 劳动法

一、劳动法概述

1. 劳动法的法律范畴

1995年1月1日起开始实施的《中华人民共和国劳动法》（以下简称《劳动法》）是调整劳动关系、保护劳动者权益的一部重要法律。《劳动法》全面规定了劳动者的基本劳动权利与义务，制定了用人单位应当遵循的劳动标准和行为规范，对全面建立并实施劳动合同、社会保险、最低工资、工作时间、休息休假、劳动争议处理和劳动监察等重要制度做出了具体规定，并明确了违反有关规定应承担的法律责任。

《劳动法》的实施，一方面全面建立了劳动合同用人制度，通过劳动者与用人单位依法签订劳动合同建立劳动关系，为建立现代企业用人制度、实现劳动关系法制化创造了条件；另一方面是最低工资制度在全国范围内全面建立，工资支付的有关规定得到了较好的落实，劳动者依法享有获取劳动报酬的权利；第三方面是社会保险制度改革不断深化，建立了覆盖城镇各类企业的基本养老、失业保险制度，基本医疗保险制度也正在逐渐完善；四是建立了劳动保障监察制度，劳动争议处理工作进一步展开。

2. 劳动法的制定原则

《劳动法》制定的直接原则的就是保护劳动者的合法权益。它的基本任务就是要通过各种法律手段和措施有效地保证劳动者的合法权益不受侵犯。劳动者依法享有各项权利，比如劳动安全保障权、取得劳动报酬权等，同时劳动者也必须依法履行劳动义务。此外，《劳动法》的制定还体现了按劳分配的原则、合理配置劳动力资源的原则、最终要促进生产力发展的原则等。

二、劳动合同

签订劳动合同是求职过程的最后一个阶段，也是整个求职过程的重中之重。劳动合同签订后，求职阶段虽告一段落，但依法签订的劳动合同会在合同有效期内以法律的形式约束双方。中职生应该学会怎样签订劳动合同。

1. 劳动合同的法律效应与类型

（1）**法律效应**。**劳动合同是求职者与用人单位确立劳动关系、明确双方权利和义务的协议**。在劳动合同中，求职者和用人单位是平等的合同主体，因此，双方订立劳动合同应当平等、自愿、协商一致。劳动合同是求职者和用人单位建立劳动关系的凭证，是确立劳动法律关系的形式，是调整劳动关系的手段，也是处理劳动争议的重要依据。

（2）**类型**。劳动合同按照劳动者与用人单位不同形式的劳动关系可以分为录用合同、聘用合同、借调合同、停薪留职合同等，其中录用合同是用人单位长期雇用劳动者而签订的劳动合同，比如毕业生与用人单位签订的就业协议，这种合同是劳动合同中的基本类型。此外，劳动合同也可以按照期限分为固定期限合同、无固定期限合同及临时工劳动合同等。

2. 劳动合同的主要内容和条款

劳动合同是劳动者与用人单位确立劳动关系、明确双方权利和义务的协议，也是维护劳动者和用人单位合法权益的保障。用人单位自用人之日起即与劳动者建立了劳动关系。劳动合同应当具备以下八个方面的内容：

（1）**劳动合同的期限**。劳动合同的期限是指劳动合同具有法律约束力的时段，一般可分为有固定期限、无固定期限和以完成一定的工作为期限三种。其中最常见的是有固定期限的劳动合同，时间一般在 1 年以上 10 年之内。无固定期限的劳动合同具有特殊性，对于什么条件的人可以签订无固定期限的劳动合同，都有相关规定。对于以完成一定工作任务为期限的劳动合同，一般适用于特殊行业，如建筑业等，这种劳动合同在日常生活中并不常见。

你知道吗

北京市劳动合同规定内容

例如，《北京市劳动合同规定》第十五条符合下列条件的劳动者，如果当事人要求签订无固定期限的劳动合同，用人单位应当订立无固定期限的劳动合同：

❶ 全国劳动模范、先进工作者或者"五一劳动奖章"获得者；

❷ 复员、转业退伍军人初次分配工作的；

❸ 建设征地农转工人员初次分配工作的；

❹ 尚未实行劳动合同制度的用人单位初次实行劳动合同制度时，劳动者连续工龄满 10 年，且距法定退休年龄 10 年以内的。

（2）**工作内容**。劳动合同中的工作内容条款是劳动合同的核心条款，它是用人单位使用劳动者的目的，也是劳动者为用人单位提供劳动以获取劳动报酬的原因。主要内容包括劳动者的工种和岗位，以及该岗位应完成的工作任务、工作地点。这些内容要求规定得明确、具体，以便遵照执行。

（3）**劳动保护和劳动条件**。劳动保护是指用人单位为了防止劳动过程中的事故，减少职业危害，保障劳动者的生命安全和健康而采取的各种措施。劳动条件是指用人单位对劳动者从事某项劳动提供的必要条件。

（4）**劳动报酬**。获取劳动报酬是劳动者向用人单位提供劳动的主要目的。劳动者的劳动报酬包括工资、奖金和津贴的数额或计算办法。劳动报酬必须符合国家法律、法规的规定，如工资不得低于最低工资的标准，工资支付的期限和形式不得违反有关规定等。

（5）**社会保险**。目前执行的社会保险包括养老保险、基本医疗保险、失业保险和工伤保险四项，其中前三项用人单位和职工都必须缴纳社会保险费，工伤保险由用人单位缴纳保险费，职工个人不需缴纳。

（6）**劳动纪律**。这是指劳动者必须遵守的用人单位的工作秩序和劳动规则。

（7）**劳动合同的终止条件**。这是指劳动合同法律关系终结和撤销的条件。劳动合同双方当事人可以在法律规定的基础上，就劳动合同的终止进行约定，当事人双方约定的终止条件一旦出现，劳动合同就会终止。

（8）**违反劳动合同的责任**。这是指违反劳动合同约定的各项义务所应当承担的法律责任。为了保护劳动合同的履行，必须在劳动合同中约定有关违反劳动合同的责任条款，包括一方当事人不履行或者不完全履行劳动合同，以及违反约定或者法规条件解除劳动合同所应承担的法律责任。

除了上述八项条款外，用人单位和劳动者还可以约定以下几个方面的内容：试用期、培训、保守商业秘密、补充保险和福利待遇以及其他经双方当事人协商一致的事项等。

你知道吗

解析"违反劳动合同的责任"条款

应该注意的是，劳动合同第八项"违反劳动合同的责任"条款，因为《劳动法》规定双方可以协商约定责任的认定、赔偿的范围、计算方法和承担方式，用人单位提供的合同补充条款中常有这方面的约定，对这些内容，要明白、清楚，心中要有数。有些单位，包括一些事业单位为了保证毕业生能在该单位长期工作，约定了很多提前解约的赔偿条款，请务必认真对待。毕业生提前辞职的赔偿责任不应当过高，一般不应当超过毕业生的年工资。刚参加工作的毕业生一般签短期合同为好，待转正定级后再签中期或长期合同，这时，用人单位和你之间都已经相互了解。

3. 签订劳动合同的步骤及其注意事项

（1）签订劳动合同前

❶ 要多提问题	求职者应利用应聘机会，对招聘单位多提问题，以了解更多的情况，为寻求一份理想的工作提供全面的参考。现在，很多求职者在应聘时仅留下一份个人求职材料，对有关劳动合同签订的问题不闻不问，一无所知，等经过考试或筛选后才想起有关签订劳动合同的问题，既浪费了时间，同时也影响了对求职机会的把握。 
❷ 要求签订书面合同	现在，很多用人单位，尤其是民营、私营企业都存在着规模不大、资金紧缺的问题，同时，又要面对技术与产品更新速度快、竞争激烈的现状，有些企业并不乐意与新聘的员工签订书面形式的劳动合同。不签劳动合同的确省事，但许多劳动纠纷都是因为没有签订劳动合同或是劳动合同的内容不详细、不合理而引发的。
❸ 要求阅览合同范本	求职者要求阅览合同范本，既可以看出用人单位的管理是否规范，又是对自己负责的一种表现。对用人单位出示的劳动合同范本，要浏览其内容，对有疑问之处，要询问招聘单位；对不愿意接受的条款，要向招聘单位提出修改的意见，以确定是否应聘这份工作。

第二章 国家就业政策及法律法规

❹ 要不签合同不试用	部分用人单位为了节省开支和逃避义务，利用求职者无知和求职心切的心态，不与求职者签订正式的劳动合同。试用期一到，用人单位就以试用不合格为由，辞去这批员工，再去招聘新员工，求职者被欺骗却又无可奈何。按照《劳动法》的规定，劳动合同中可以约定试用期（试用期最长不得超过6个月），但试用期应当包含于劳动合同期限内。即用人单位与求职者达成一致，就应签订劳动合同，用人单位可根据需要在劳动合同中约定短于6个月的试用期，不得把试用期独立于劳动合同之外。

（2）签订劳动合同时

劳动合同是用人单位和求职者建立劳动关系、履行各自义务、维护各自权利的依据。在签订劳动合同时，双方的地位是平等的。但是，由于求职者对劳动合同的重要性认识不足，对签订劳动合同的知识掌握不多，所签订的劳动合同往往有不少漏洞。一方面是由于求职者粗心大意、缺少经验等原因造成；另一方面，用人单位也有意无意在劳动合同中加入了一些不利于求职者的内容。求职者在签订合同时一定要明辨是非，谨防签以下几种不平等的劳动合同：

❶ 口头合同	双方以口头形式规定用人单位的权利和求职者的义务，以口头承诺方式确定用人单位的义务和求职者的权利，没有按《劳动法》的规定签订书面形式的劳动合同，一旦发生劳动争议欲申请仲裁或法律诉讼时却口说无凭，无法考证。
❷ 模糊合同	对合同的有关条款用概括、笼统的语言填写，合同内容泛泛而谈，没有实质性的内容，或是合同内容表述不清、模棱两可、概念模糊，这样易产生歧义。一旦发生纠纷，难以评判和确定。
❸ 不全合同	用人单位事先按照劳动合同的范本印好合同，只等求职者在合同上签字或盖章。但求职者在签订合同时却发现，合同的内容不全，不是少这，就是缺那。此外，劳动合同一般会有附加条款，求职者签订前一定要让用人单位拿出原文，审看无异议后再与用人单位当面签字盖章，以防某些用人单位利用签订时间先后的不同而在合同上动手脚。
❹ 单方合同	用人单位利用求职者求职心切，只约定求职者有哪些义务、如何遵守规章制度、违反劳动合同要承担哪些责任等，关于求职者的权利，除劳动报酬外，劳动合同、劳动条件等方面的内容只字不提。

❺ 卖身合同	一些用人单位与求职者在合同中约定求职者必须"一切行动听指挥"。在工作中，要求求职者加班加点，强迫求职者超负荷劳动，有的单位甚至连吃饭、穿衣、上厕所都规定了苛刻的时间，剥夺了求职者的休息权、休假权，严重的还侮辱、谩骂、体罚和殴打求职者。
❻ 抵押合同	有的用人单位要求求职者把有关证件及工资福利进行抵押，若求职者违反约定，则没收抵押物或抵押金。用人单位因此有恃无恐，求职者只得唯命是从。
❼ 双份合同	有些用人单位慑于劳动主管部门的监督，为逃避检查，与求职者签订两份合同。一份是假合同，内容按照劳动部门的要求签订，以应付检查，实际上并不遵照执行；一份为真合同，是用人单位从自身利益出发拟订的，合同中规定的权利和义务极不平等。
❽ 生死合同	一些危险性行业的用人单位不按《劳动法》的有关规定履行安全、卫生义务，为逃避责任，常常在合同中与求职者约定"工伤概不负责"。或只是约定一些无足轻重的责任，与国家规定的偿付标准差之甚远。
❾ 收费合同	一些用人单位利用签订劳动合同的机会，向求职者收取不合理或不合法的各种费用。如向求职者收取保证金和风险金等，求职者若有违反管理的行为，用人单位便扣留这部分钱款。按照《劳动合同管理规定》的要求，用人单位不得收取上述款项，一经查实，还应处以一到三倍的罚款。
❿ 私藏合同	劳动合同应该一式三份，分别由用人单位、求职者和劳动鉴证部门收藏，并具有同等法律效力。有的用人单位把几份合同单方私藏，使求职者无法按合同的规定履行义务和权利，出现劳动关系纠纷时，求职者也拿不出有效的依据。

> **讨 论**
>
> 在网上求职时，往往会弹出一个对话框说收费入职是诈骗，你经历过吗？
>
> 要不在58同城网上试一下？

第二章　国家就业政策及法律法规

（3）签订劳动合同后。依法签订的劳动合同具有法律约束力。劳动合同签订后，求职者便成为用人单位的一员，承担某种职务职责或某项工作，遵守用人单位的规章制度，完成劳动任务；用人单位按照求职者劳动的数量与质量支付劳动报酬，保证求职者依法享有的各项合法权利。

并不是所有经双方签了字、盖了章的劳动合同都受法律保护。有些合同从订立的时候起就没有法律效力，对用人单位和求职者没有约束力，有以下几种情形：

- 合同主体不合格的，如不满16周岁的公民签订的劳动合同（除法律有规定外）一律无效。
- 违反法律、行政法规的劳动合同。
- 采取欺诈、威胁等手段订立的劳动合同。
- 严重违反程序订立的劳动合同，如应该经劳动部门鉴证而没有报请鉴证的劳动合同无效。
- 劳动合同不符合形式的，如应当订立合同而没有签订书面合同的无效。求职者与用人单位签订的劳动合同如果属以上情况，应向劳动仲裁委员会或人民法院申请仲裁或诉讼，以维护自己的合法权益。

4. 劳动合同范本

国内企、事业单位劳动合同范本

用人单位（甲方）：　　　　　　地址及邮政编码：
职工（乙方）：　　　　　　　　身份证号码：
住址及邮政编码：

　　　　（单位）（以下简称甲方）因生产（工作）需要，按照国家、省、市有关劳动法律、法规、规章规定，招用或聘用　　　　同志（以下简称乙方）为劳动合同制职工。双方根据"平等自愿、协商一致"的原则，签订本合同，确立劳动关系，明确双方的权利、义务，并共同遵守履行。

一、合同期限

本合同自　　　年　　　月　　　日起生效。本合同有效期经甲、乙双方商定，采取下列第　　　种形式：

1. 合同有效期限为_____年,至_____年_____月_____日止。
2. 无固定期限。本合同除可因甲方生产经营发生变化或在定期考核中发现乙方未能认真履行本合同规定的劳动义务而依法予以终止外,其他终止条件为:_____。
3. 合同期限至_____工作(任务)完成时终止。其完成的标志事件是_____。

新招收、调入、统一分配人员的劳动合同,自生效之日起_____个月内为试用期。

本合同由甲、乙双方各存一份。鉴证时还需交鉴证机构一份。均具有同等效力。

二、工作任务

(一)乙方生产(管理)工种(岗位或部门):_____。

(二)乙方完成甲方正常安排的生产(工作)任务。

三、工作时间

(一)甲方实行每日不超过8小时,平均每周不超过40小时的工作制度。并保证每周乙方至少不间断休息24小时。

(二)甲方可以报经劳动行政部门批准实行不定时工作制或综合计算工时工作制。

(三)甲方因生产、工作需要,经与工会和乙方协商同意,可安排乙方加班加点,但每个工作日延长工作时间不得超过3小时,每月累计不得超过36小时。

(四)有下列情形之一的,甲方延长工作时间不受第(三)项规定限制:

1. 发生自然灾害、事故或者其他原因,威胁劳动者生命健康和财产安全,需要紧急处理的;
2. 生产设备、交通运输线路、公共设施发生故障,影响生产和公共利益,必须及时抢修的;
3. 在法定节日和公休假日内工作不能间断,必须连续生产、运输或者营业的;
4. 必须利用法定节日和公休假日的停产期间进行设备检修、保养的:
5. 为完成国防紧急任务的;
6. 为完成国家下达的其他紧急生产任务的。

四、休假

乙方在合同期内享受国家规定的节日、公休假日以及年休假、探亲、婚丧、计划生育、女职工劳动保护等假期的待遇。

五、劳动报酬

(一)乙方工资分配形式、标准:

1. 甲方按照政府有关企业职工工资,特别是不得低于本市最低工资标准的规定,制定本企业工资制度,确定乙方工资形式和工资标准。
2. 乙方试用期工资_____元/月;试用期满乙方起点工资定为_____元/月。甲方可按企业工资制度调整乙方工资。

（二）甲方每月如期发放货币工资。如遇节假日或休息日，应提前在最近的工作日支付工资。

（三）甲方安排乙方加班，平时和休息日加班无法安排补休的，按不低于国家（含省、市）规定的标准发给加班工资。其中：

1. 安排延长工作时间的，甲方支付不低于工资150%的加班工资，如加班时间在22时至次日6时期间的，支付200%的加班工资；

2. 休息日加班，支付200%的加班工资；

3. 法定休假日加班支付300%加班工资。但乙方实行综合计算工时工作制的，其工作时间应以一定周期综合计算，属加班时间部分，应按加班工资计发。

（四）非因乙方原因所致的停工、停产，在一个工资支付周期内的，甲方应按本条第（一）项标准支付工资；超过一个工资支付周期的，甲方按不低于本市规定的失业救济标准发给乙方生活费。

（五）乙方在法定工作时间内依法参加社会活动期间，以及依法享受年休假、探亲假、婚假、丧假、计划生育假、女职工劳动保护假期间，甲方按不低于本合同确定的乙方的工资标准支付工资。

（六）如甲方克扣或无故拖欠乙方工资，拒不支付乙方加班工资，低于本市最低标准支付乙方工资的，均应予补发，并应按国家规定支付乙方经济补偿和赔偿金。

六、保险福利待遇

（一）在合同期内，甲、乙双方需按照国家及省、市有关规定，缴纳基本养老保险、医疗保险、失业保险和工伤保险等社会劳动保险基金，同时甲方应定期向乙方通告缴纳社会劳动保险基金情况。

（二）甲方按国家、省、市有关规定，给予女工"五期"（经期、孕期、产假期、哺乳期及更年期）的劳保福利待遇和乙方符合计划生育子女的劳保医疗待遇。

（三）乙方患职业病或因工负伤医疗期间的保险福利待遇，甲方按本市有关社会工伤保险规定执行；医疗终结，经市医务劳动鉴定委员会确认，属完全丧失劳动能力的，由甲方按规定给予办理提前退休；属部分丧失劳动能力的，按本市有关规定执行。

（四）乙方在合同期内患病或非因工负伤，其病假工资，疾病救济费和医疗费等按不低于国家、省、市有关规定执行。

（五）乙方因工或非因工死亡的丧葬补助费、供养直系亲属抚恤费、救济费、一次性优抚金、生活补贴、供养直系亲属死亡补助费等，按国家及本市有关规定由社会劳动保险公司或甲方分别计发。

（六）非因乙方原因所致的停工、停产期间，乙方按国家规定享受的休假、劳动保险、医疗等待遇不变。

（七）乙方其他各种福利待遇，按甲方依法制订的制度执行。

七、劳动保护和劳动条件

（一）甲方执行国家有关劳动保护规定和标准，包括有关女职工、未成年工（16周岁至未满18周岁的职工）的劳动保护规定和《某某省劳动安全卫生条例》，切实保护乙方在生产、工作中的安全和健康。

（二）甲方按国家"先培训后上岗"的规定对乙方进行安全生产知识、法规教育和操作规程培训以及其他的业务技术培训。乙方应参加上述培训并严格遵守其岗位有关的安全卫生法规、规章、制度和操作规程。

（三）甲方根据乙方从事的工作岗位和有关规定，发给乙方必需的劳动保护用品，按劳动保护规定定期免费安排乙方进行体检。

（四）乙方有权拒绝甲方的违章指挥，对甲方及其管理人员漠视乙方安全健康的行为，有权提出批评并向有关部门检举、控告。

八、劳动纪律及奖惩

乙方应遵守甲方依法制定的《职工守则》等各项管理制度，甲方有权对乙方履行制度的情况进行检查、督促、考核和奖惩。

九、续订、变更、解除、终止劳动合同

（一）本合同固定期限届满即自然失效，双方必须终止执行。如经双方协商同意，可以续订合同。

（二）如甲方因生产经营情况变化，调整生产任务，或者乙方因个人原因要求变更本合同条款，经合同双方协商同意，可以变更劳动合同的相关内容，并由双方签字（盖章）。如甲方订立劳动合同时所依据的客观情况发生重大变化，致使原合同无法履行，经当事人双方协商不能就变更劳动合同达成协议的，甲方可以解除劳动合同。

（三）有下列情形之一的，劳动合同即告终止：乙方已达到法定退休年龄；乙方死亡；乙方被批准自费出国留学或出境定居的；甲方被依法撤销、解散、歇业、关闭，宣告破产；劳动合同约定的终止条件（事件）已经出现。

（四）本合同经甲、乙双方协商一致可以解除。

（五）有下列情形之一的，甲方可解除劳动合同：

乙方在试用期内，被证明不符合录用条件的；

乙方严重违反劳动纪律及甲方依法制定的规章制度；

乙方严重失职、营私舞弊、对甲方利益造成重大损害的；

乙方的行为按照国家的法律、法规规定被追究刑事责任的；

乙方不能胜任工作，经培训或调整工作岗位仍不胜任工作的；

乙方患病或非因工负伤，医疗期届满后不能从事原工作，也不能从事由用人单位

第二章　国家就业政策及法律法规

另行安排工作的。

如属完全丧失劳动能力达到残废标准一至四级的，应同时按规定办理退休或退职手续。

停工医疗期计算，按甲方制订的不低于《某某省（或市）劳动厅转发劳动部（企业职工患病或非因工负伤医疗期规定）》的标准执行。劳动合同期虽未满，但甲方因生产经营状况发生严重困难以及破产或濒临破产处于法定整顿期间，确需按有关规定裁减人员的；其他符合国家、省、市规定的可以解除劳动合同条件的。

（六）有下列情形之一的，乙方可随时解除劳动合同：在试用期内，经国家有关部门确认，甲方劳动安全卫生条件恶劣，没有相应保护措施，严重危害乙方安全健康的；甲方不能按劳动合同规定支付劳动报酬的；甲方不按规定为乙方办理缴纳退休养老保险等社会劳动保险金的；甲方以暴力、威胁或者非法限制人身自由的手段强迫劳动的；甲方故意不履行劳动合同，严重违反国家法律、法规，侵害乙方其他合法权益的。如乙方依据上款第2项至第6项规定解除劳动合同的，均可追究甲方违约责任。

（七）乙方非依据本合同规定解除劳动合同，应提前30天以书面形式通知甲方。但不免除乙方应依约承担的责任。

（八）有下列情形之一，甲方不得解除劳动合同：

乙方患职业病或因工负伤，医疗终结期内，或医疗终结后经市、县级医务劳动鉴定委员确认属大部分丧失劳动能力的；

乙方患病或非因工负伤，在规定的医疗期内或医疗期虽满但仍住院治疗的；符合计划生育政策的女职工在孕期、产假期、哺乳期内的；

乙方经批准享受法定假期，在规定期限内的；符合国家、省、市有关规定不得解除劳动合同的。

（九）除试用期内或职工被违纪辞退、除名、开除及本合同另有其他特别规定等情况外，甲乙双方解除本合同，必须提前一个月书面通知对方。提前时间不足者，按相距的实际天数，以乙方当月工资收入的日平均数额计算补偿给对方。

（十）甲方应按规定为终止、解除劳动合同的职工办理填发《职工劳动手册》、转移档案等有关手续，为乙方办理待业登记、领取失业救济金提供方便。

（十一）甲方租赁、出售给乙方居住的房屋，双方应签订住房合同。甲乙双方因各种原因解除或终止本劳动合同时，有关住房问题按住房合同规定办理。

（十二）若本合同终止或解除，乙方应将合同履行期内甲方交给乙方无偿使用、保管的物品、工具、技术资料等，如数交还给甲方，如有遗失应予赔偿。

（十三）乙方符合国家规定的退休（含提前退休）条件，甲方应按规定为其办理退休手续，并按本市有关规定管理。

（十四）甲方在合同期内解除劳动合同按《某某市劳动局转发劳动部（违反和解除劳动合同的经济补偿办法）》规定发给乙方经济补偿金、医疗补助费。属试用期内或因乙方被作违纪辞退、除名、开除等导致劳动合同解除的，甲方不发给补偿金。

中外合资企业劳动合同范本

_____有限公司（以下简称甲方）系中美合资经营企业，现聘用_____先生／女士（以下简称乙方）为甲方合同制职工，于_____年_____月_____日签订本合同。

第一条　乙方工作部门_____职位（工种）：

第二条　试用期乙方被录用后，须经过_____个月的试用期。在试用期内，任何一方均有权提出终止合同，但需提前一个月通知对方。如甲方提出终止合同，须付给乙方半个月以上的平均实得工资，作为辞退补偿金。试用期满时，若双方无异议，本合同即正式生效，乙方成为甲方的正式合同制职工。

第三条　工作安排　甲方有权根据生产和工作需要及乙方的能力、表现安排调整乙方的工作，乙方须服从甲方的管理和安排，在规定的工作时间内，按质按量完成甲方指派的任务。

第四条　教育培训　在乙方被聘用期间，甲方负责对乙方进行职业道德、业务技术、安全生产及各种规章制度的教育和训练。

第五条　工作时间　乙方每周工作不超过五天，每日工作不超过八小时（不含吃饭时间）。如因工作需要加班加点，甲方应为乙方安排同等时间的倒休或按国家规定的标准向乙方支付加班加点费。

第六条　生产、工作条件　甲方须为乙方提供符合国家规定的安全卫生的工作环境，否则乙方有权拒绝工作或终止合同。

第七条　劳动报酬　甲方每月按本公司规定的工资形式和考核办法确定乙方的劳动所得，以现金人民币向乙方支付工资、奖金，并按国家有关规定向乙方支付各种补贴及福利费用。

第八条　劳动保险待遇　甲方按照国家劳动保险条例的规定为乙方支付医疗费用、病假工资、伤残抚恤费、退休养老金及其他劳保福利费用。

乙方享受元旦、春节、"五一"、"十一"等共十天国家法定有薪假日。乙方家属在外地的，乙方实行计划生育的，分别按国家规定享受探亲假待遇和计划生育假待遇。乙方符合公司休假条件的，享受年休假待遇。

第九条　劳动保护　甲方根据生产和工作的需要，按国家规定向乙方提供劳动保护用品和保健食品。

甲方按国家规定在女职工经期、孕期、产假期、哺乳期对其提供相应的劳动保护。

第十条　劳动纪律　乙方应遵守国家的各项法律规定、《职工守则》及甲方的各项规章制度。

第十一条　奖惩　甲方将根据乙方的工作态度、劳动表现、贡献大小，按照本公司奖惩条例给予乙方物质和精神奖励。乙方如违反《职工守则》和甲方的其他规章制度，甲方有权给予乙方处分。乙方如触犯刑律受到法律制裁，甲方将予开除，本合同自行解除。

第十二条　合同期限　本合同自签订之日起生效，有效期为_____年，于_____年_____月_____日到期。

第十三条　本公司《职工守则》（略）为本合同的附件，是本合同的有效组成部分。

甲方：
乙方：
公司总经理（或其代表）签章
职工个人签章

知识点 3　人事代理制度

一、人事代理的含义和分类

1. 人事代理的含义

人事代理是指各级人事行政部门所属的人才流动机构为"三资企业"、私营企业、股份制企业、民办科研机构等无主管单位以及不具备人事管理权限的单位、要求委托人事代理的其他企事业单位；自费出国和以辞职等方式流动后尚未落实单位的专业技术人员和管理人员提供档案保管或有关人事方面的代理服务工作。

2. 人事代理的分类

委托人事代理可分为**单位委托人事代理**和**个人委托人事代理**。

❶ 单位委托人事代理	各级人才流动机构可提供人事政策咨询、人事档案保管、聘用（任）合同鉴证、代办养老保险、失业保险、代办户籍关系迁移和档案工资定级（晋升）手续。代为申报专业技术职称资格等人事代理服务。
❷ 个人委托人事代理	各级人才流动机构可提供人事档案保管、代办养老保险、中共党员组织关系接转、为因私出国者提供档案材料证明等人事代理服务。各级人才流动机构与委托人事代理对象不发生行政隶属关系，仅为其代理有关服务事宜。

人事代理制度的建立是我国人事制度改革的一项重要内容，是人才服务工作的延伸和发展，是与我国社会主义市场经济体制相配套的新型人事管理方式。它的出现，对于拓宽毕业生就业渠道、改革传统的毕业生就业方式、保障毕业生和用人单位的合法权益有着重要的意义。

二、人事代理的具体事项

人事代理作为融法律、行政管理、服务于一体的方式，其代理的对象在上面已有说明，可分为两类：一是单位，即各类企业和事业单位；二是个人。代理形式可以分为单项代理和全权代理，代理内容多种多样。

- ◆ 提供国家人事政策、法规的宣传和咨询的服务；
- ◆ 提供为委托单位进行人才规划，制订建立新型人事管理制度的服务；
- ◆ 根据委托单位的要求，代为招聘、引进所需人才，包括办理大中专毕业生的接收事宜；
- ◆ 为委托对象管理人事关系和人事档案；
- ◆ 代理委托单位和个人办理交纳社会保险费用事宜；
- ◆ 按照有关规定，承办专业技术资格的认定和考证申报；

- 受理委托代理人员的工龄审核、档案工资调升、身份确认、大中专毕业生转正定级事宜；
- 受理委托代理单位的人才岗前培训、上岗资格培训、再教育培训以及人才素质测评事宜；
- 受理委托代理单位的党团组织管理；
- 代理单位解聘、被辞退人员再就业；
- 承办与人事管理相关的其他事宜。

三、办理人事代理基本流程

1. 单位办理委托人事代理

须向当地人才流动机构提交下列证件：

- 委托人事代理申请书；
- 企业营业执照（副本）复印件、企业章程复印件；
- 事业单位成立的批件复印件；
- 委托代理人员的履历表、身份证复印件；
- 代理项目相关的材料。

2. 个人办理委托人事代理

根据各自情况的不同，须向当地人才流动机构分别提交下列有关证件：

- 由申请人出示身份证，提供原单位同意流动（调动、辞职或被辞退等）的函件；
- 经人才服务中心审核符合条件后，发出调档或检索档函，调入人事档案及行政、工资、党（团）组织关系；
- 与人才服务中心签订《人事代理协议书》，并办理交费等有关手续。

知识点 4 职业资格证书制度

一、从业资格和执业资格的划分

职业资格 是对从事某一职业的劳动者必备的学识、技术和能力的基本要求。1994年劳动部和人事部颁布的《职业资格证书规定》,明确指出职业资格包括从业资格和执业资格。

从业资格 是指从事某一专业(工种)的学识、技术和能力的起点、标准,也就是基本的标准。执业资格是指国家对某些责任较大,社会通用性强、关系国家社会公共利益的专业(工种)实行准入控制,是依法独立开业或者从事某一特定专业(工种)学识、技术和能力的必备标准。

二、职业资格证书与职业资格证书制度

1. 职业资格证书

职业资格证书 就是国家对达到职业资格规定的必备的学识、技术和能力的劳动者发给的证明。要获得职业资格证书必须经过考试、考核。

职业资格分别由国务院劳动、人事、行政部门及其委托的机构,通过学历认定、资格考试、专家评定、职业技能鉴定等方式评价,对合格者授予国家职业资格证书。其中资格考试,一般分为笔试和口试,同时另加多种多样的实际操作考核。

第二章　国家就业政策及法律法规

你知道吗

从业人员的上岗资格证明

职业资格证书是求职任职、独立开业和用人单位录用的主要依据。《中共中央关于教育体制改革的决定》中指出："一切从业人员，首先是专业性、技术性较强的行业的从业人员，都要像汽车司机经过考试合格取得驾驶证才许开车那样，必须取得合格证书才能走上工作岗位。"可见，在现代社会里，要工作就要按照标准做；要达到标准，就要考取职业资格证书。

2. 职业资格证书制度

职业资格证书制度就是对劳动者取得什么证书、怎样取得证书、证书具有的作用等一系列问题所做的规定而形成的制度。根据《劳动法》第六十九条规定："由经过政府批准的考证鉴定机构负责对劳动者实施职业技能考核鉴定。"由劳动部门分管各类职业资格证书的核发，由职业技能鉴定指导中心和国家职业技能鉴定所（站）在全国各地推行。国家各部委也接受委托开始实施职业资格证书制度。

职业资格证书制度由**从业资格证书制度和执业资格证书制度**组成。从业资格证书制度是国家对达到从业资格的劳动者发给证明的一种制度。执业资格证书制度是国家对某些承担较大责任，社会通用性强，关系国家、社会公共利益的重要专业岗位实行的一种管理制度，实行全国统一考试取得证书、注册有效和政府监管。凡具备相关专业规定的学历和工作年限的专业技术人员都可以报考。证书由人事部、国务院有关主管部门共同印制，一次注册三年有效。取得执业资格证书并经过规定机构注册登记者，可以依法独立执业。

你知道吗

执业资格证书的种类

根据人事部的统计，到1997年年底，我国已有15类职业实行执业资格证书制度，即注册会计师、注册律师、注册资产评估师、监理工程师、注册建筑师、房地产评估师、注册税务师、造价工程师、注册结构工程师、注册拍卖师、珠宝玉石质量检验师、执业药师、执业中药师、假肢与矫形器制作师、企业法律顾问。

三、学历证书和职业资格证书的关系

学历证书是一个人接受教育的年限、所具有的文化程度或者学业程度的证明，是由教育部门颁发的。学历是一个人学习的经历，学历证书又称为文凭，是教育部门颁发给学生作为学历证明的文件，就是毕业证书或肄业证书。当一个人按期完成某类正规教育，经考试合格后都会得到一份证明其所接受这段教育的证明性文件。

职业资格证书是一个人能否胜任某一职业的证明，是由劳动、人事部门或由其委托的部门颁发的。不同职业对学历有不同的要求。我国实行九年制义务教育，因此，获得职业资格的起点学历，至少是初中学历。但也有些职业要求更高的学历，比如有的地区规定，小学教师必须具备大专以上学历，中学教师必须具备本科或本科以上学历。

当然，学历并不完全等同于能力，在现实的职业生活中，学历很重要，然而学历高的人能力并不一定强，学历低的人能力并不一定差。世界首富比尔·盖茨就是大学没有学完连个大专文凭也没有的人。这里需要说明的是没有学历并不等于不学习、没有知识。有些人是靠自学成才达到了某个层次的同等学力。当前，通过对企事业单位用人的调查显示，选用人才，学历并不是唯一的条件，用人单位越来越看重的是人的潜质和综合能力。因此，同学们在学校学习期间，应做到德、智、体、美等全面发展，实现学历和能力的统一。

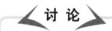

> **讨 论**
>
> 请用你自己的语言讲述一下职业证书与学历证书的区别。

学历证书和职业资格证书是相互包含的。随着职业资格证书制度的实行，越来越多的高等院校在完成正常教学计划的同时，进行相关的职业资格证书的考试、考核，鼓励学生一专多能；国家有关部门也明确规定学历认定是获得职业资格证书的必要条件。所以说，学历证书和职业资格证书是密不可分的。

改革开放以来，我国的劳动力市场正在逐步发育和完善。全面提高劳动者素质，必须充分开发和有效利用我国丰富的劳动力资源，坚持把人才的培养和合理使用结合起来，要制定各种职业的资格标准和录用标准，实行学历文凭和职业资格两种证书制度。我国《劳动法》规定："国家确定职业分类，对规定的职业制定职业技能标准，实行职业资格证书制度。""双证书制度"将会逐步推广实行，这不仅有利于鼓励和调动学生学习专业理论和专业技能的积极性，而且有利于毕业生积极适应多种职业岗位的需求。

四、职业资格证书的重要意义

对每一个劳动者来说,职业资格证书都是迈向工作岗位的一块敲门砖,具有十分重要的意义。

1. 求职就业的必备条件

在现代社会里,全面素质和综合职业能力是人们从事职业活动得到生存和发展的前提条件,在人才市场上,各类职业资格证书是证明人们具备这些条件的有效证件。

2. 胜任岗位职责的标志

在人才市场上,是否能胜任某一岗位职责,是否具有岗位所必备的职业意识、职业知识、职业技能等,职业资格证书是最有力的证明,即职业资格证书是胜任岗位职责的标志。

3. 提升职业竞争能力的手段

在社会主义市场经济条件下,"双向选择,竞争上岗"已成为就业的必然趋势。在市场就业中,不仅要有学历证书,而且还要有多个职业资格证书,有了这些证书,在职业选择过程中就会有优势,而且选择职业的范围也广。拥有多种职业资格证书,不仅能增强职业选择的竞争力,而且有利于提高就业后的职业转换能力。

1. 如何看待我国就业形势的发展趋势?

2. 国家在制定毕业生就业模式方面有什么政策?

3. 什么是劳动合同?其主要条款包括哪些内容?

4. 个人办理委托人事代理的基本流程是什么?

5. 简述职业资格证书与学历证书的关系。

第三章 就业指导与面试技巧

▌教学目标

本章主要阐述了就业、应聘过程中的一般问题，包括就业前的准备工作，几种就业渠道，求职面试的方法和技巧等，通过学习，学生应对就业的基本步骤及内容有所了解，掌握相应的手段和途径，在实践中积累经验。

▌教学要求

认知：了解怎样为就业做好准备，理解就业信息搜集和筛选的方法和意义。

情感和态度：就业并非只有一种途径，学生应多渠道谋出路，寻找一份适合自己的职业。

运用：求职者在应聘时应注意运用技巧，充分展现自己的实力。

第三章 就业指导与面试技巧

知识点 1 就业前的准备工作指导

一、获取求职信息的途径

就业信息是指与就业有关的消息和情况，包括就业政策、就业机构、经济发展形势与趋势、劳动力供求双方的情况、国民经济计划、劳动用工制度、干部人事制度、毕业生资源及就业制度、近期失业率以及就业培训等。

在求职择业过程中，就业信息关系到求职择业的成败。对一个职业技术学校毕业生来说，如能及时掌握大量可靠的就业信息，目光敏锐、行动果断，从信息中把握机会，就能找到一份合适的职业。而缺乏信息，行动迟缓，纵使有好的机遇也会擦肩而过。

1. 就业信息的收集

收集就业信息是同学们求职择业前的一项重要任务，高质量的就业信息往往存在于广泛的途径之中。必须充分利用各种渠道、运用各种手段准确地收集与择业有关的各种信息，为择业决策做好充分准备。这里介绍几种获取信息的渠道，供同学们参考。

（1）**本校的毕业生就业机构**。学校的毕业生就业办公室和毕业生就业指导中心，同上级主管部门和社会各界保持着广泛而密切的联系，而且经过多年的工作实践，与有关部门长年合作，已形成网络或稳定的关系。在每年毕业生就业阶段，学校毕业生就业指导机构会有针对性并及时地通过向各个用人单位发布毕业生资源信息函、电话联系及参加各种信息交流活动等方式征集利用大量的需求信息，然后将收集的需求信息加以整理、公布。这些信息数量大，针对性、准确性、可靠性都较强，是毕业生求职的最主要的信息源。

（2）**针对毕业生的人才市场**。随着社会主义市场经济建设的发展，我国人才市场中介机构也应运而生。现在毕业生就业市场的格局和模式早已为大家所熟悉。在那里，不仅可以让你了解到许多各类不同的单位和职位，而且还为你提供了一次极好的面试锻炼的机会。各类人才市场的信息量是很大

的,而且提供了一个毕业生和用人单位直接面对面的机会,通过彼此的交流,毕业生可以获得远比报刊等渠道更为丰富和全面的信息,因此,毕业生应该充分重视这一信息渠道。

(3)社会实践活动。毕业生通过毕业实习、参加社会服务等项社会实践活动,不仅能使自己所学的知识直接应用于生产,为社会服务,而且可以开阔视野,还可以有意识地了解实习单位或服务对象对毕业生的需求情况、对所需人员的素质要求等。

(4)收集网上求职信息。随着人才市场信息化进程的加快和入网个人人数的增加,网上求职、网上招聘已成为一种时尚。网上信息流量大,更新快,用人单位和求职者的交流便捷迅速。在因特网上所列空缺职位让求职者一目了然。你可以通过因特网了解有关公司的情况,填写"求职登记表",输入自己的个人简历和申请信,那么你的资料便可邀游在无限广阔的信息海洋中,可能会有公司与你联络,甚至有时寻找一份工作只要几分钟。

(5)社会上的传播媒介。各类单位和组织都可以通过新闻媒介,如广播、电视、报纸、杂志、电话等工具,介绍本单位现状、发展前景及人才需求。主管毕业生就业部门创办的《毕业生就业指导报》以及各学校的报纸等,将在毕业生求职择业的关键时期发布用人单位需求信息和招聘信息。各地的《人才市场报》《晚报》等也都开辟了人才需求信息及招聘广告栏目,只要经常阅读,肯定会从中得到令你感兴趣的或有用的信息。

(6)社会人际关系。亲朋好友分布在社会的各个领域、各条战线,通过他们了解社会需求信息针对性会更强,而且比较准确、直接。一般来讲,大多数用人单位更愿意录用经人介绍和推荐进来的求职者,认为这样录用进来的人比较可靠。

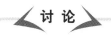

请同学们讨论一下如何正确快速寻找有效信息。

除了亲友之外,老师能够利用老同学、自己的学生、科研伙伴、协作单位等关系,获得针对性强的信息,这些信息经过老师筛选,可靠性较强,而且与毕业生的就业意向和所学专业较为吻合,对于毕业生求职择业是十分有利的。

校友是近似于老师的非正式求职信息的提供者,尤其是近几年毕业的校友有求职择业的体会,他们提供的信息比一般纯粹的求职信息更有参考价值、利用价值。毕业生还可充分利用实习、社会实践、校友回校等机会与校友多接触,用巧妙的方法适时介绍自己,以得到其帮助和指导。

(7)刊登求职广告、发求职信、电话联系或亲自拜访。在报刊上登载求职广告,说明自己的能力和专业特长,或在因特网上设计个人的求职主页,充分地、全方位地展示自我,很可能会得到应聘机会。对自己向往的公司、企业,可通过电话与人事部门联系或亲自走访(当然,对那些明确表示谢绝来电、来访的单位,就不必选用这种方法),这样既可以节省时间,又能尽快得到确切的信息,还能通过实地考察,对公司或企业的地理环境等外部条件有清晰的认识,供决策时参考。

2. 就业信息的个性化分析

由于信息的来源和获得方式不尽相同，已经收集到的大量的就业信息内容很可能是杂乱无章的，有相互矛盾的，也难免有虚假不实的。求职者可结合自己的实际情况，对获得的信息进行去粗取精、去伪存真的分析、筛选、整理、鉴别，使信息具有准确性、全面性和有效性，更好地为自己择业服务。在进行就业信息的筛选时应把握以下几点：

（1）**有针对性地进行比较选择**。要根据自己的性格、兴趣、特长来分析，看看自己与哪些信息更吻合，哪个单位对自己的发展更有利等。

（2）**面对现实、理论联系实际**。在使用求职信息时，无论个人的愿望如何美好，在实际操作时则要面对现实。不能图虚荣、爱面子、好高骛远，而要量力而行、量"能"择业、量"才"定位。即把所有的求职信息都对照衡量一下，看是否适合于自己。

（3）**在政策范围内择业**。使用就业信息时，要把个人意愿和国家需要结合起来，并根据社会需要与自己的能力、愿望做出职业选择。

3. 信息的筛选和应对

求职信息的筛选过程实际上是一个求职决策过程。求职者在广泛收集求职信息的基础上，要结合自己的实际情况，依据国家、地区的政策和法规，对获取的原始信息进行有目的、有针对性的归纳、整理、分析和选择。

（1）对有关信息按不同内容进行整理和分类。就业信息不仅仅是用人单位的需求信息，它涉及的范围很广，如有的是关于就业方针、政策方面的信息，有的是与自己所学专业有关的信息，有的是关于所需人员的素质要求方面的信息等。

（2）对所获得的信息进行分析。

❶ 要识别真假，做可信程度的分析	一般来说，学校毕业生就业机构提供的信息可信度比较高，因为用人单位向学校提供的信息都有一定的根据。其他渠道得到的信息，因为受时间性或广泛性的影响，还需要进一步核实，才能判断其可信程度。
❷ 要进行效度分析	要对信息的可用性进行鉴别，看信息能否为我所用，如自己所得到的信息是否是政策允许范围之内的，信息中所反映的所需生源状况及对人的素质要求等。
❸ 信息的内涵分析	信息的内涵包括用人单位的性质、要求以及限定条件等。

（3）**及时反馈**。当你收集到一条或更多的信息后，一定要尽快分析处理并及时向信息发出者反馈信息。只有及早准备，尽快出击，才能在人才市场的激烈竞争中争取主动。

你知道吗

处理就业信息的注意事项

筛选信息时应注意以下问题：

（1）从众行为。即缺乏主见，盲目从众，自己毫无主见，总认为大多数人选择的就是好的，别人说哪里好就往哪里跑，别人往哪里走，就往哪里凑，结果错失了发挥自己特长的机会，延误了时机。

（2）轻信行为。即一味盲从，认为亲友告诉的信息就一定可靠，报刊上的信息就是百分之百的准确，因而未做筛选就做选择。

（3）犹豫不决、举棋不定。即陷入大量信息的旋涡中不能自拔，在大量的信息面前左思右想，犹犹豫豫，拿不定主意。其结果常常是错失了大好机会，影响了就业。

（4）急于求成。有的毕业生由于缺乏社会经验，真正到了人才市场，就心慌意乱。有的自感择业条件不如人，怕落空，找不到单位，因而一旦抓住信息，不经深思熟虑，就匆忙做决定；有的不慎重，在没有广泛收集信息时便做决定，而当获取新的信息后，便又要推翻已做的决定，结果造成许多不必要的麻烦。

二、端正就业心态，避免负面影响

职业技术学校的学生在进入市场求职择业时，首先，要积极主动地投入不可避免的竞争，发挥自己的优势和特长，树立自信心，增强应变性，保持良好的精神状态；其次，要做好充分的心理准备，树立正确的择业观，以客观的眼光看问题，处理好自我价值实现与社会的关系。

保持良好的心理准备的同时，要努力避免以下各种劣势心理：

（1）**羞怯心理**。面对招聘者结结巴巴、面红耳赤。对此可以通过同学之间的模拟应聘训练来事先锻炼自己。

（2）**攀比心理**。尤其是那些在校期间成绩较好，荣誉较多的同学，很容易产生一味与同学攀比的心理。在这种心理作用下，即使某单位非常适合自身发展，但因某个方面比不上其他同学选择的就业单位就轻率放弃，事后后悔不已。

（3）依赖心理。应聘时总爱拉父母、同学相伴，或一帮学友共同应聘同一单位，缺乏独立意识，这种做法自然不会被用人单位欣赏。

（4）低就心理。觉得竞争激烈，找个买家草草卖出。

（5）盲目求高心理。不给自己合理定位而盲目求高，对用人单位工资、福利、住房、地理位置、工作环境的要求可谓十全十美，却忽视了如此完美的单位自己是否能够竞争入围。

（6）自负心理。因所学专业紧俏，这个单位不顺眼，那个单位也不如意，从而错过不少机会。

（7）自卑心理。因所在学校非重点、知名度不高，或者所学专业不景气，或因自己专业知识、专业技能及综合素质不如其他同学，或因求职屡次受挫，产生自卑感进而转化为自卑心理，导致不能适当地向用人单位展示自身的长处。

三、求职信的写作指导

求职信是毕业生为求职而写给应聘单位或公司人事部门的自我介绍和推荐信，同个人简历的写作目的一样，都是要引人注意。当你把一份求职信递交给用人单位时，即表明你已将有关你个人情况的信息传递给了对方，求职信写得是否完整、得体，事关就业的成败，因而不可小看。

1. 求职信的结构

求职信的结构一般由五部分组成：**开头部分、引言、主体部分、结尾与落款**。

（1）**开头部分**。这部分是称呼，写在第一行顶格，称呼要求严肃谨慎，要有礼貌。既不能随随便便，又不能过分亲昵，以免给人以唐突之嫌。一般不直呼"某某同志"，而是称呼其职务、职称或官衔。如果对象身份不清，则可用"尊敬的领导"一语代替。称呼后的问候语一般应为"您好"而非"你好"，更不能用"您们好"。

（2）**引言**。引言的作用有两点，一是吸引用人单位看完材料；二是引导对方进入你所设计的主题而不感到突然。一般情况，引言表达应力求简洁，开宗明义，自报家门，直截了当地说明求职意图，使求职信的主旨明确、醒目。切忌客套问候，离题万里，让对方产生厌恶情绪。

写出求职信的理由和目的：说明你为什么选择该公司。可以通过暗示与公司雇员的亲属关系来表达你对公司的兴趣；也可通过你干的是同一行业，有着同样的工作经验；或者你一直通过新闻了解该公司或者这个行业。

（3）**主体部分**。这是求职信的重点，要简洁而有针对性地概述自己的简历内容。要突出自己的特点，使对方觉得你的各方面情况与招聘条件相一致，与有关职位要求、特点相吻合。一般说来，这部分先简述个人基本情况，写明求职的理由及目标，要合乎情理、合乎实际，做到充足、可信。接着要重点突出自己的主要成绩、特长、优势适合所应聘的岗位，可以多提一些有代表性的工作经历，使之具有吸引力和新鲜感，要表明自己诚恳的求职态度和敬业精神，并附带说明对未来的设想等。

（4）**结尾与落款**。结尾主要是进一步强调求职愿望，可以恰当地表达求职的迫切心情，恳请用人单位考虑你的求职请求，期望得到用人单位的认可及接纳。最后要写上礼节性的致敬语，落款要写清姓名和日期。

2. 求职信的内容要点

（1）**有的放矢**。写求职信就是要"察其所需、供其所求"，并且恰当表现出你"供其所求"的本钱。对不同的单位和行业，不同的工作岗位，写求职信要"量体裁衣"，结合自身的特点来写。对这样有针对性的求职信，用人单位会认为求职者有诚意和较好的应聘条件。

（2）**言简意赅**。求职信的文字要清晰、简明，最好不要超过一面。文字冗长、没有条理，是白白浪费别人的时间，由此不但不会令人感兴趣，还妨碍了对信中重要内容的理解。要回答好三个问题：一是为什么申请这份工作；二是为什么你适合这份工作；三是你怎样为公司做贡献。

（3）**重点突出**。求职信要突出个性，吸引对方、打动对方的内容要详写，而且写得要有自己的风格。主要内容包括专业知识、工作经验、自身特长和个性特点。若你的信落入俗套，毫无特色可言，阅信人有可能"一扫"而过，然后扔进废纸篓。相反，如你的信写得与众不同，一开始就引起了读信人的注意，并表述得体，阅信人很有兴趣地将其看完，这样，你的名字就很可能列入候选人名册了。

（4）**谦虚诚恳**。写求职信要表现出自己谦虚的品质、诚恳的态度。语气要委婉，做到自信而不自大、自谦而不自卑。真实是求职信的基本要求，但毕业生要做的不是向招聘单位袒露自己的缺点，而是要证明自己的实力，在有限的篇幅里扬长避短，使招聘单位对求职者的才干和能力留下深刻的印象。

（5）**整洁规范**。一封外表美观、书写规范的求职信很容易让人产生好感，它可以表明求职者文字基本功扎实、作风严谨、办事踏实、富有责任心。因此，求职者要精心设计，尽量做到美观大方。

第三章　就业指导与面试技巧

你知道吗

求职信写作的小建议

现在大部分毕业生的求职信都是电脑打印的（签名一定要用手写，而不能打印），但是如果你的钢笔字写得很漂亮，建议用手工工整整地书写，这样能给人以亲切感，同时也向用人单位展示了你的特长。信的格式要符合规范，遣词造句应准确，不要有错别字、漏字等。求职信中字词的选择能反映出一个学生做事是否仔细、严谨，一篇内容很好的求职信上往往会因为出现错别字而产生不好的效果。

3. 避免求职信中的常见问题

不少应届毕业生在写求职信的过程中，容易犯一些技术性或原则性错误。下面几点是在求职信中常常出现的毛病。

（1）**过分自信**。许多即将从学校毕业的求职者在求职信中流露出盛气凌人、非我莫属、目空一切的口气，常使用一些诸如"完全有能力胜任这份工作"，"如被录用定能大大地扩展公司业务"等语句。读书期间充满自信是应该的，但如果过分自信就会被人看作见识短浅，会引起别人反感，不利于求职。

（2）**不够自信**。谦虚是一种美德，但应遵循实事求是的原则。求职者在求职信中强调自己的长处是应该的，要获得所申请的职位也必须这样做，只要没有夸大就行，只要是自己拥有的优点和才能不妨把它们讲出来。

（3）**讲废话或者阿谀之辞**。没有实质内容的话一句都不要写。人事经理的职责就是要为公司招到优秀人才，看求职者的求职信是他的工作，何谈"冒昧""打扰"。公司或企业录用人才只有"才能"一个标准，阿谀奉承不会被看作是才能。

（4）**过多使用简写词语**。与朋友谈话时人们习惯简称自己的学校或者所修专业，但在求职信中应该避免这样做。用简写词语一是显得不够庄重、随便，可能引起读信人的反感。二是这些简称只有在特定的地方、特定的交往范围才能被准确地理解，超出这一范围人们可能就会不知所云，甚至产生误解。

4. 求职信范例

　　求职者身份：职业技术学校应届毕业生
　　应 聘 职 位：品牌助理
　　应 聘 年 份：2004年
　　学　　　历：中专
　　经　　　验：无
　　收 信 单 位：服饰制造企业

尊敬的×经理：

　　我是××职业技术管理专业的应届毕业生，申请贵公司品牌助理一职。虽然我没有实际工作经验，有的仅是一位年轻人中专三年的所学与所想。但我希望凭借自己的勤劳、敏锐、真诚与执着，能在贵公司市场方面的岗位上有所发挥，并以此弥补我经验不足的短处。

　　从事消费品市场工作是我梦寐以求的理想，也是我中专三年所努力发展的方向。除了广泛阅读各种书籍，我还抓住一切社会实践机会锻炼自己，为自己未来的职业生涯造就一个真正有准备的头脑和一双对消费品市场敏锐的眼睛。

　　我热爱运动，长期担任系学生篮球队队长。这个队长是大伙儿选的，我也相信自己做得很称职，因为我曾带领球队力克群雄，在学校获得过一次联赛亚军和一次季军。我深深懂得团队精神的重要性。我坚信，一个真正杰出的团队是无往不胜的。我力争在自己从事的市场工作或是企业管理工作的职业生涯中，做一位优秀的"队员"，然后再学着做一位优秀的"队长"。

　　因为自己酷爱体育，长期以来我一直关注一些跨国消费品公司围绕球类所开展的各种市场活动，像耐克"死绑"乔丹，阿迪达斯"纠缠"中国女足。连日来我总在想：为什么没有人从袜子上去推敲呢？贵公司是世界知名的制袜商，拥有世界知名的袜类品牌，可否能让短袜在中国这片土地上充满运动活力呢？

　　现谨将个人简历送上，敬请过目。如蒙面试，深表感谢。

　　此致
敬礼

×××
2004年12月于××中专

　　点评：这封信说明了求职者的基本情况，表现出求职者对能够胜任该工作岗位的信心，用语得体，不卑不亢，是一封较理想的求职信。

知识点 2 就业途径指导

一、就业渠道之一——自主就业

自主就业是劳动者就业的主导，职业技术学校的毕业生有的在城市，有的在乡镇，有的在农村，由于地域、经济和社会发展水平的差别，自谋职业的途径和方法也各不相同。

1. 在城市自谋职业

城市是区域经济发展的中心，各级、各类人才市场很多，大众传播媒介发达，社会实习、实践机会较多，因此自谋职业的渠道广阔，就业机会相对较多。

（1）**通过社会各级、各类人才市场择业**。随着市场经济的深入发展和劳动人事制度的进一步改革，社会上各级各类人才市场、中介机构如雨后春笋般地涌现出来，同时毕业生择业的自主权越来越大。人才市场为职业技术学校毕业生求职提供了有利因素。一是信息量大，机会多。一些地方人才市场不但规模大、摆摊设点的招聘单位多，而且场次多，这给同学们就业提供了一个广阔的空间。二是交流直接，便利多。在人才市场上，毕业生与用人单位可以直接接触，直接获取自己需要的信息，为比较全面、确切地互相了解创造了很好的机会。毕业生在人才市场择业，完全是自主行为，充分体现了市场在人才资源配置方面的基础性作用。

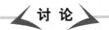

讨论

有人说，通过社会实践或实习择业是最可靠的途径，你认为呢？

（2）**通过社会实践或实习择业**。城市由于企事业单位比较集中，为职业技术学校毕业生提供社会实习和实践的机会很多。社会实习和实践实际上是学生开发就业信息的重要渠道。在社会实习和实践过程中，不仅可以通过自己的努力赢得用人单位的认可、培养社会实践能力、积累社会经验，还可以有意识、有目的地关注一些行业发展趋势、人才需求状况、具体单位和岗位的用人要求等这些与同学们就业相关的问题，加强对职业世界的了解，提升自己的求职意识。通过这样的社会实践活动，毕业生既可以获得有利的就业信息，又可以打开另一扇求职之门。

（3）**通过大众传媒的信息择业。**城市社会是一个信息集中、大众传媒发达的社会。众多的大众传媒方式如广播、电视、报纸、杂志、网络等在人们生活中扮演着相当重要的角色。人们如此依赖这些媒介方式生存，以至于通过它们可以展现各种各样的信息。因此，大众传媒同样获得了招聘单位和求职者的共同青睐，招聘信息随时就可以发现。各地的报刊，包括综合报刊、晚报、专门的人才报等都不同程度地传递着职业世界的信息。在这些报刊上，涉及毕业生就业的主要内容有：人事人才政策、人才市场动态、人才供求情况、职业指导服务、职业岗位分析等，可以说是五花八门、应有尽有。

随着信息时代的到来，计算机网络的应用已经越来越普遍。在家中或办公室里，个人电脑和网络联系在一起；同时越来越多的工作和网络密切相关。网络已成为无可比拟的、巨大的信息资源中心。越来越多的用人单位在网上发出招聘信息或建立自己单位的网站，越来越多的求职者上网寻求职业信息，这样既方便，又快捷。因此，职业技术学校学生必须学会利用网络为自己的求职服务，这样不仅可以自由地获取各种就业信息，还可以直接把自己的简历公布在网上进行应聘。因此，网络已越来越成为人们求职择业的首选途径。

2. 在乡镇自谋职业

职业技术学校的农村生源，毕业后除部分到城市就业或继续升学外，多数要在农村就业创业。农村的就业岗位虽然比城市少，但农村有广阔的土地，有丰富的资源，对于拥有专业技术的职业技术学校的毕业生来说，只要敢于创业、勇于创业，是大有发展前途的。

（1）**创办小农场。**种植类专业的毕业生在农村谋发展，有着更广阔的天地。他们可以承包农田办个小农场；可以承包果园；可以办花卉苗木基地。地处山区的同学可以承包荒山野岭、开荒植树、种植果园、培育花卉等。

（2）**创办小企业。**各种专业的同学可以考虑自己的专业技术特长，结合当地实际情况，围绕二、三产业创办小企业。例如，食品专业毕业生可以办粉丝加工厂、面条加工厂、榨油厂等；营销专业毕业生可以创办百货店以及各类专业商店；机电专业的学生可以办农机修配厂、摩托车修配站，等等。也可以根据当地农村的实际需要兴办客货运输、农药化肥营销、美容美发等服务事业，餐旅专业的同学们还可以办快餐店、小酒店等。

第三章　就业指导与面试技巧

3. 异地就业

（1）**国内异地就业**。如果在本地找不到适合自己的工作，也可到大城市、特区去打工。这样做不仅为了就业的需要，更重要的是通过实践增长才干，提高专业技术水平，增加适应职业和适应社会的能力。异地就业要有吃苦耐劳精神和适应能力。因为在外地一般工作较累、工资亦较低，同时也有随时被解聘的可能，要有毅力去适应现状，学会独立生活和工作。还要了解某城市招什么工种、工资待遇如何，防止上当，要时刻依法保护自己。外出时要准备好应带的证件，如身份证、学业证、专业技术等级证等。

（2）**境外就业**。随着改革开放的深入发展，国内市场将同国际市场逐渐融为一体，劳动力市场的范围越来越广阔，内容越来越丰富。职业技术学校的毕业生如有条件出国打工也是一种很好的选择。

目前，境外就业的人不多，有的是先到境外就学，毕业后在境外就业；有的以劳务输出的方式在境外就业，工作几年后再回国。境外就业既可为国家赚取外汇，又能锻炼自己，如条件具备可以试一下。境外就业必须要有开放的心态、吃苦耐劳的精神和热爱祖国的思想。

此外，境外就业的手续办理较为复杂，应由"境外就业服务机构"指导办理。

4. 他人协助就业

（1）**通过学校毕业生就业指导机构择业**。各学校都设有毕业生就业指导机构——就业指导中心或是就业办公室，这是毕业生就业工作的直接主管部门。通过学校就业指导机构获取就业信息是毕业生求职的主要途径。

你知道吗

学校毕业生就业指导机构指导就业的优越性

学校毕业生就业指导机构这一途径具有以下的优点：一是针对性强，用人单位向学校发出用人需求信息，一般基于对学校的专业设置、生源情况、教学质量等的了解和掌握，对该校应届毕业生的招聘有针对性；二是可靠性高，学校本着对毕业生高度负责的态度，在把用人单位的需求信息向学生公布之前，必须对这些信息和用人单位进行考察、审核，以确保信息的真实性和单位的可靠性；三是成功率大，学校就业指导机构会通过不同形式，组织毕业生与用人单位的专门见面会，而且时间都比较早，一般安排在用人单位发出需求信息比较集中、信息量比较大的时候，这无疑给毕业生提供了最佳时机。若毕业生能把握良机，充分展示自己、推销自己，与用人单位相互满意，则当场签约的可能性非常之大。

（2）通过各级政府就业指导服务部门择业。毕业生就业除了学校渠道外，还可获得教育部门的有关就业信息和地方就业指导机构的就业服务。面临人才之间的激烈竞争和用人单位的严格挑选且涉世不深、经验不足的毕业生难免在求职过程中遇到这样那样的问题，在此情况下，各级毕业生就业指导机构就显示出极为重要的作用，它们既是信息来源中心，又是咨询服务中心，并指导毕业生顺利实现就业。

（3）通过各种社会关系择业。每个人都生活在自己的社会关系网中，因此，毕业生在求职时，不要忘记自己的父母、亲戚、朋友、老师，甚至朋友的朋友等，他们也是获得就业信息的一个有效途径，这是经过他人介绍和推荐，把握机会的一种途径。除去上述提及的每个人都可利用的求职途径外，谁的社会关系网能提供更多的就业信息，谁就能把握住机会，谁的主动性就更大，成功的概率就更高。特别是在关键时候，"关系"往往能帮你一把。当然，在利用社会关系网这一途径时，必须正当，切不可不择手段。毕业生必须树立正确的求职理念：自己的主观努力是最重要的，也是最终的决定因素。

二、就业渠道之二——市场调节就业

市场调节就业是同学们就业的基础方式，它使用人单位和劳动者成为平等的市场主体，在市场上进行"双向选择"。这方面主要有两种形式：

1. 劳动部门帮助就业

由劳动部门牵头，通过劳动力市场帮助就业者与用工单位结合，尽快使劳动者找到工作。如劳动部门牵头开辟的各种就业市场、生产自救基地，有的还开辟专营区，在政策上都给予照顾，减免了好多费用，给人们增加了许多就业机会。

2. 职业介绍机构介绍就业

近几年各级政府积极开办职业介绍机构，同时社会各界和个人也开办了一些职业中介机构。职业介绍机构里有各行各业对劳动力的需求信息，供求职者选择；同时也将求职者的各种情况登记入册，供用人单位选聘。职业介绍机构还定期举办招聘活动，由用人单位与求职者面对面洽谈。许多同学通过这一途径找到了满意的工作。

职业技术学校毕业生必须主动探寻求职的途径，了解通过哪些渠道可以获得就业的信息，可以利用多种渠道，扩大视野，获取尽可能多的就业信息，增加尽可能多的就业机会，选择最佳的、最适合自己的工作岗位。

知识点 3 面试技巧指导

一、面试的基本方法

1. 大方得体的服饰与仪表

应聘者能在最初就给面试人员留下一个积极的印象，无疑对同学们的求职是非常有利的。刚走出校门的同学们在面试中应该给人以整洁、大方、朝气蓬勃的感觉，在面试时着装与当时的环境要协调；服装与服饰色调的整体要协调；服装的款式要大方得体，不要穿过于暴露或超短、紧身的服装，衣着要整洁、干净；色彩不要太鲜艳，冷色调和中间色调为宜。

除了服饰，还要注意头发要干净、自然。对男同学来说，不可油光发亮，更不可染色，不要留怪异的发型。对于男生的头发长度，有一个比较简单的标准：前不过眉，后不覆领，侧不掩耳。而对于女同学来说，应大众化，符合学生身份，发型上简单而清洁，给人精明、干练、力求上进的印象。别忘了在口袋里装上一把小梳子和一面小镜子，因为当你到达面试地点时，也许头发会有些散乱。

手是人体中活动最多的部分之一，也常常是面试人员注意的部位。要注意把双手洗得干干净净，指甲修剪得整整齐齐。女学生一般不宜留长指甲，不宜选用色彩鲜艳的指甲油。

女生化妆应以淡雅为佳，眼线、口红都不可太深，用粉也不能太多，应符合自然美的原则。不要使用过于浓烈的香水，饰物的佩戴以少为宜。

男生的领带必须干净、平整、色彩和谐。领结要打得端正，不要松松散散，耷拉在一边。西装口袋里不要塞太多的东西，口袋鼓鼓囊囊的，会让人感觉你不注意生活细节。

皮鞋要擦亮，擦去灰尘和污痕，鞋带要系牢。

所谓"不打无准备之仗",做好面试前的准备工作是面试成功的一个前提条件。可以说,充分的面试准备工作已使同学们面试取得了一半的成功。

2. 注重礼仪

(1) **单独面试**。面试时不能让人陪着去。陪同面试的情况会被招聘人员认为你缺乏独立性和自信心,心中底气不足。用人单位需要的是能很快胜任工作、独当一面的人,缺乏自信心的毕业生,他们不乐意录用。

(2) **遵守时间**。为表示求职者的诚意,应提前10分钟到达面试地点。迟到是求职面试的一大忌讳,不仅会使主试人对你的可靠性产生怀疑,而且也会使他对你的工作效率打上一个问号,不利于求职的成功。至少留出10分钟的富余时间,以应付途中的意外情况。比如,在车内或接待室里,稳定情绪,检查仪表,在面试前5分钟到达考官办公室。值得注意的是不要早于15分钟以上到达面试地点。这使人认为你过分着急,接待人员或主试人也可能因此感到不自在。

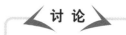

请问,参加大单位面试和参加小单位面试有区别吗?

(3) **来去注意礼节**。在被通知进入面试办公室时,敲两下门是标准的,但要注意敲门时不可太用劲。进门后不要随手将门关上,应转过身正对着门,用手轻轻将门合上。见到面试人员应主动致意,称呼应当得体。在面试人员没有请你坐下时,切勿急于落座。对方请你坐下时,应道声"谢谢"。切忌大大咧咧,左顾右盼,满不在乎,以免引起反感。离去时应询问"还有什么要问的吗?"得到允许后应微笑起立,感谢用人单位给你的面试机会,并说"再见"。

(4) **交谈时的礼仪**。面谈中,身体稍向前倾,以示对谈话的兴趣。不要斜靠桌子上或懒散地伸展四肢。当回答主试人发问时,应诚恳热情,落落大方。如果遇到回答不出来的问题,也不要一言不发,可以用两句话缓冲一下:"这个问题我过去没怎么想过,从刚才的情况看,我认为……"然后在脑子里迅速归纳出几点"我认为",如果实在找不出答案,就承认有的东西还没有经过认真考虑,切勿信口开河。同时语言要朴实文雅,这是一种美德,也是知识渊博的自然流露。切忌装腔作势,故意卖弄。

倾听中要用眼神、头部动作或"噢""对"等对主持人的讲话做出相应的反应,倾听中还要注意主试人对自己回答的反应和态度的变化。目光应该注视对方,但是不要死盯着对方的眼睛,可以将目光放在对方的鼻梁部位,既显示出自己对对方的话题感兴趣,又可以避免双方对视的尴尬。如果有多个面试人员在场,你说话的时候一定要经常用目光扫视一下其他人,以示尊重和平等,必要时点头应和,切不可注意力分散,左顾右盼,更不能打哈欠,看手表,抖动双腿,这些都是失礼的表现。

第三章 就业指导与面试技巧

3. 面试前的准备事项

（1）**信息准备**。对于应聘者来说，尽管对参加面试的单位已经有所了解，但在面试之前，还要尽可能地收集有关招聘单位的详细资料，做到心中有数。所收集的信息要准确、真实，并尽可能细致，并能指出该单位的优点和特点等，这种了解会增添面试双方的共同语言、拉近双方的距离，同时也让面试人员感到应聘者很重视他们的单位，对他们单位也有信心。否则的话，对用人单位的情况一无所知或知之甚少，在面试的过程中就容易处于被动。

应聘者还应该尽可能熟悉所应聘的职位信息，以及相应的职能和责任等，然后根据自己的条件，客观评价自己，分析自己能否胜任这份工作，是否有利于自己才能的发展，这样，在面试过程中才能扬长避短、有的放矢，并且可以有针对性地展示自己的特长。

最后，应聘者还应该了解将要面试自己的工作人员，通过收集有关面试人员的工作、教育、个人背景的信息，可以在面试中谈及这些话题，而不至于仅仅锁定于工作方面，这有利于与面试人员建立起良好的个人关系。

（2）**材料准备**。应聘者在面试过程中，为了证明自己所说情况的真实性，需要出示有关的资料；用人单位也会向应聘者索要其基本情况资料。因此，面试前必须做好有关资料的准备。面试前应将个人资料熟记于心，最好再准备好一份简单的自我介绍的腹稿，熟悉到中英文都能流利表达的程度。因为要在很短的时间内将自己较完整地介绍给陌生人并不是一件很容易的事情。另外需要注意的是，对个人情况的回答要与求职信或简历上的信息一致，千万不能自相矛盾。

（3）**知识和技能准备**。专业知识和专业技能是职业技术学校学生的主业，面试前同学们应该对自己的专业知识进行一下大致的检查，专业技能最好也要再熟练一下。否则，对谈到的一些专业知识说不清楚，会给人专业知识不扎实的印象，让人怀疑你在学校是否把专业学好了。如果考察专业技能，要能够娴熟地进行操作，表现出训练有素的形象。

在面试前还要研究一下要从事行业的性质、动态、趋势及未来方向，要从事行业的整体结构，这个行业与其他行业有什么区别，自己所学专业的前沿技术等，并做好相关知识和技能准备。面试一般不会涉及深奥的专业知识，但是往往会涉及专业的一般知识，包括发展现状及其特点等。面试时应聘者可以阐述如何发挥自己的优势，将技术与行业趋势联系起来，令招聘人员刮目相看。

（4）**问题准备**。面试中，不同的单位、不同类型的面试人员因招聘职业的不同，所提的问题侧重点也会有所不同，尽管如此，有一些内容都是具有共性的、可以预料的。对这些问题应提前进行准备，甚至有针对性地进行预演，做到有备而来。这项内容包括以下两方面：

❶ 要择业者回答的问题	这些问题大致包括自我介绍、工作和学习的成就、兴趣爱好以及对学校生活的感受等。对于想到的问题，最好事先做一个书面答案，答案要切题、简短、中肯，并熟记于心。这样做，可以保证在面试时思路清晰，应答自如。特别对于语言表达能力、应变能力较一般的同学，这样做就更有必要。一般来说，应聘者会被问到的问题，主要从以下几个方面考虑：关于择业者所受的教育、工作经历、职业目标以及性格或个人兴趣的问题。
❷ 让择业者提出的问题	用人单位给应聘者提问题的机会，让择业者把自己最关心的东西说出来，并不是真正地要满足择业者的要求，而是想据此了解择业者对自身和企业发展的看法，并从某种程度上考察择业者的应变能力。那么择业者提的问题主要应从企业和自身的发展入手，应该是择业者认为面试人员能够回答的，并且先前没有谈到过的。可以询问用人单位提供的职业培训及继续深造机会的问题，或是请面试人员介绍一下本单位成功的准则和发展的前景等。

你知道吗

常见的几种面试问题及回答技巧

面试的时间通常是几分钟至几十分钟，一般在半小时以内。在面试过程中，主试人会向毕业生提出一系列的问题。虽然面试会因单位性质、主试人的性格喜好有所差别，但不论如何变换，面试中经常提及的问题不外乎涉及个人经历、单位待遇以及其他与自己所应聘职位相关的问题。

大多数主试人问问题有个最基本的特点：想获取什么样的信息，一般不会直接去问。这一方面是为了不引起择业者的警觉，另一方面如果直接问问题，择业者可能有意地去迎合主试人，导致信息不准确而影响判断。回答主试人所有的问题时，有一点最重要：不要有任何不诚实的行为，在此基础上才可以谈到面试技巧的应用。

下面具体分析在面试中主试人常问的几类问题。

1. 关于个人方面的问题

面试可能是主试者与应试者的初次见面，所以面试常围绕一般性社交话题，问题多为友善、客套、较随便的，目的在于借此打破隔膜，使面试者消除紧张情

第三章 就业指导与面试技巧

绪等。自我介绍,是一个非常有利的展示自己的机会,可尽量突出自己的个性、兴趣、志气、实践活动及工作经验等。

你的家庭情况怎样?和睦的家庭对于培养一个人的健康心理和人格有密切的关系,而且和家人和睦相处、关系融洽也能体现出毕业生的健康人格,以及关心他人、与人相处的能力。一个和亲人关系紧张的毕业生在工作中会有很多无形的压力。

你有何特长和爱好?对这个问题要据实回答,既不可无中生有,也不可过分谦虚。因为瞎编滥造总会露出马脚,而过多的谦虚会让主试人觉得你的自信心有问题,况且一个爱好广泛、多才多艺的毕业生也是用人单位青睐的对象。你有什么缺点?这是一个常常被问及并且较难回答的问题,因为一般人难以对自己有一个客观的评价。优点如此,缺点更是如此。当被问到缺点时,可以打一个"擦边球",表面回答缺点,实际上谈谈自己的优点就行了,比如"我想我最大的缺点是没有太多的工作实践经验。学生时代的经历几乎是从一所学校毕业到另一所新的学校读书。我想利用在学校的时间踏踏实实地学点今后有用的知识,希望我的这些不足能够在贵单位的实际工作中得到改进"。

你如何规划你的未来?这个问题是在问毕业生两个方面的信息:一是看其是否有在基层工作的心态,因为几乎所有的单位都希望毕业生从基层工作做起;二是考查其对自我的认识,是否在短期内有继续深造的打算等,也就是考查其工作的稳定性。

2. 关于学业、经历方面的问题

这部分的问题主要是围绕面试者所填写履历表上的各项资料而展开的。很明显,这些问题要应对好,需要事前多做准备。首先要清楚自己提供了什么资料,如果面试所提供的信息与履历表上的不同,后果会非常严重。对没有虚构资料的面试者来说,这种情况应当不会出现。准备一份履历表副本,面试前重温一遍是必要的。要记住,简历中提到的任何内容都可能成为问题来源,应在这方面有周全的准备,否则"栽在自家门前"就太惨了。

在学习期间最差(好)的课程是什么,或者是你最感兴趣的课程是哪一门,为什么?这实际上是在考查你在学校课程成绩的好坏,对学校学习所持的态度和将来的职业意向等。

还有一个问题是所有主试人问得最多最详细的,就是关于应聘者的社会实践、勤工助学、毕业实习、业务等工作,或者是有没有参加过学校的社团组织以及担任的职务等。面试前,应当有意识地对此多做些准备。

3. 关于单位方面的问题

这些问题集中在用人单位的业务范围、组织架构、工作方针、发展方向、政策，以及对所申请职位的认识上，如工作性质、内容及职责范围等，目的在于判断应聘者对该职位的兴趣及诚意。一般来说，这些问题通常都预测得到，可以及早准备，预先翻查有关单位资料。若什么都不了解，能让主试人相信你对该单位确有兴趣和诚意吗？确定应试者对应聘单位的兴趣是大多数主试人最关心的问题，如果谁在面试时对这部分的问题应付不当的话，被用人单位考虑录用的机会便会大打折扣。

你对我们单位或这个职位有什么样的了解？对这个问题你应该有足够的准备。参加面试前应通过网络、媒体等渠道尽量多地了解这家单位甚至这个行业的情况，避免说外行话，让主试者能够感觉到你准备的认真程度和对这一次面试的重视。

4. 关于待遇方面的问题

你希望的待遇是什么？这是一个危险的问题。一般来说，虽然用人单位问你这个问题，但并不说明会因为你的要求而在薪酬方面有多大的改变，因为每家单位都有自己的薪资体系。回答这一问题可以先说作为应届毕业生，你主要看重锻炼能力和发展的机会，至于薪酬并不太重要。如果主试人非要你说一个具体数目的话，你可以笼统地说一个在一定时期的年薪，而且你最好能事先了解所应聘单位的这一职位的大概薪酬水平，然后说一个比这个数目稍高一点的薪酬。至于附加利益及福利问题，一般的用人单位均有明文规定，并无争辩的余地。总之，在谈及待遇时，切不可看得很重，斤斤计较。

5. 关于其他方面的问题

"我要问的问题都问完了，你有什么问题吗？"如果你对这个单位还算有兴趣的话，此时一定要准备一些问题，表现出你对这个单位、这个职位的兴趣和关心。比如这个职位以后的发展方向，对这个职位的应聘者的具体要求，我什么时候能获得进一步的消息，我是否可以打电话询问有关情况等，都可以作为问题提出。

对于一些有规律性的问题，求职者可以预先做好充分准备，这样会有助于你更有效地在面试中发挥自己的水平。

（5）**心理准备**。面试前的心理准备是为了消除不必要的紧张和恐惧。要对自己树立信心，只有展现出自信乐观和良好健康的心理素质，才能在面试过程中从容应对。尽管每个应聘者的个人条件、背景不同，但大家都处在同一起跑线，不应为自己的某些先天不足或家庭背景而困扰，影响自己的信心。面试时切忌伪装和掩饰，一定要展示自己的真实水平和性格。切忌按照所谓的标准在面试时将自己塑造一番，本来自己很内向，不善言谈，面试时却刻意表现得很外向、健谈。这样的结果很不自然，很难逃过面试人员的眼睛。

对面试的结果要有充分的心理准备。刚走出校门的学生没有社会经验，缺少生活的坎坷和磨炼，也缺乏面试经验，特别是应聘失败的教训。招聘与应聘、考试和面试本身就意味着竞争，竞争的结果就自然有成功者和失败者。这就要求择业者要用一种平常的心态看待、参加应聘面试，要做好承受挫折的心理准备。俗话说"失败是成功之母"，要善于在失败中寻找自己的不足和总结经验教训，并针对这些不足重新做好准备，不断提高自己的求职水平。

你知道吗

面试问答的心理准备与应对

对面试中可能出现的各种困难要有必要的心理准备。如果心理准备不充分，很有可能在面对一些刁难的提问时，情绪波动，影响面试的整体效果。在某些面试中，一些面试人员故意提一些"为难"的问题，以观察应聘者的反应和心理素质。对于这些问题，一定要以正确的态度对待，绝不能流露出不满情绪。否则，恰恰中了面试人员设置的圈套。正确的做法应该是以一种自信而能使对方接受的方法应对。比如面试人员说"你的成绩与我们的要求可能有一定距离，你行吗"，择业者可以回答"成绩已经成为历史，我会以实际行动证明我将来会做得更好"。

二、面试过程中的技巧

1. 握手技巧

见面握手是一种常见的社交礼仪。握手时应面带微笑，目光正视对方，显得热情大方。握手力度要适当，坚定自信的握手能给对方带来好感。但如果招聘人员没有主动伸手与你握手，千万不要自作多情主动去和面试人员握手。

2. 落座技巧

正确的坐姿是身体的重心放在椅子的 2/3 处，双腿自然并拢，手叠放在膝上，挺直腰板，身体微向前倾。坐时既不可坐得太浅，也不能坐得太深。坐得太浅显得不自信，容易使自己紧张，导致注意力不集中；坐得太深，则容易显得傲慢无理。坐姿正确者，让人感觉精神振奋，朝气蓬勃。

3. 谈话技巧

（1）**自我介绍的技巧**。自我介绍是每个应聘者都应精心准备的内容，最好事先以文字的形式写好、背熟。开场白说得好不好，对后面顺利地回答问题和考场气氛非常关键。自我介绍要简洁，时间通常在 1 分钟左右，最长也不要超过 3 分钟。要像商品广告一样，在短时间内针对客户的需要，将自己最美好的一面展示出来。既要给对方留下深刻的印象，又要使对方认为你是最合适的人选。因此，除了简单介绍自己的基本情况，如姓名、专业名称、毕业学校等外，你还必须有的放矢，争取将自己的优势和特长与对方需求有机结合起来。当然，在介绍自己的成功经历和成绩时，要注意口气，既巧妙地表露出来，又不显示出自我吹嘘的痕迹，给人以自信、谦逊、不卑不亢的印象。

（2）**交谈的技巧**。交谈是求职者与招聘者相互沟通的过程，要采用规范的礼貌用语，说话客气、彬彬有礼就会使对方感到舒服、愉快，能融洽气氛；语言要形象生动富于情趣，谈话情理交融，这样会给对方一个精明强干、精力充沛的良好印象；遇到面试人员提出的古怪刁钻的问题，要沉着冷静、要意识到他是在考查你的适应性和处理随机问题的应变性和机敏性；求职者的讲话和思想表达应该做到简洁、直率、清晰、准确；要讲普通话。归纳起来，要做到"四要"。

❶ 要诚实自然	实事求是是用人单位对应聘者的基本要求，应聘者在面试中态度要坦诚，要说实话不撒谎，展示真实的自己。说话要自然，该是怎么样就是怎么样。偶尔不明白的，要在适当的时候发问。
❷ 要简单而精确	针对面试人员的提问，以简洁明了的语言，抓住问题的要害，清晰明确地表达出问题的关键点。叙述事情一定要具体，讲清原委，避免抽象。一般情况下，回答问题要结论在先，议论在后，先将中心思想表达清楚，然后再做叙述。涉及一些具体情况的，要解释原因或说明程度。
❸ 要有重点	说话要有点有面地说，而且通篇一定要有一个重量级的卖点，也就是要突出展示能符合应聘职位需要的个人优势和特长，从而达到适度宣传自己的目的。

第三章　就业指导与面试技巧

❹ 要随时注意听者的反应	交谈中很重要的一点是把握谈话的气氛和时机，如听者心不在焉，可能说明讲话的内容已经不能够引起听者的兴趣，就要赶紧转换话题内容。皱眉、摇头可能表示自己言语有不当之处。如果对方出现这些反应，就要适时地调整自己的语言、语调、语气、音量及陈述的内容，这样才能取得良好的面试效果。

（3）面试答问的技巧

❶ 把紧自己的嘴巴，三思而后答

　　回答每一个问题都得谨慎，要经过认真地思考后再回答。在面试中，有的应聘者为了显示自己思维反应比较快，面试人员刚结束提问便开始回答问题了。其实，这种做法很不好，因为面试人员是根据应试者的回答来判断其各方面的素质的，而不是根据你回答问题的速度。通常，面试人员在问完一个问题后，会停顿几秒钟甚至几十秒钟，在这段时间里你可以考虑一下怎么回答问题，怎么有条理地表达出你的意思。如果认为已经回答完了，就不要再多讲，"言多必失"，如果所说的话与问题回答无关，那么结果也会不理想，而且话多了还会给人以啰唆之嫌。

> **▶ 讨 论 ◀**
>
> 　　工资是找工作中非常敏感和现实的话题。你认为怎样谈论这个问题易求职成功？

❷ 留足进退的余地，随机应变

　　面试当中，对于那些需要从几个方面来加以阐述，或者"圈套"式的问题，应聘者要注意运用灵活的语言表达技巧，不要一开始就把话说死，否则，很容易将自己置于尴尬境地或陷入"圈套"之中。比如说"我认为这个问题应该抓住以下几个要点"而不是用具体的数字"3个""4个"或"5个"，这样可以给自己预留灵活发挥的空间，可以边回答边思考。

❸ 稳定自己的情绪，沉着理智

　　有时面试时，面试人员往往从应聘者最薄弱的地方入手提问，目的是考察应聘者的应变能力和处事能力。这时，你需要的是稳定情绪，千万不可乱了方寸。最好的回答方式应该是，既不掩饰回避，也不要太直截了当，用明谈缺点、实论优点的方式巧妙地绕过去。

❹ 不置可否的应答，模棱两可

面试时，招聘人员时常会设置一些无论你做肯定回答还是否定回答都不讨好的问题。遇到这种任何一个回答都不能让对方满意的问题时，要善于用模糊语言来应答，可以先用"不可一概而论"作为开头，接着从正反两个方面来解释你的观点。

❺ 圆好自己的说辞，滴水不漏

在面试中，有时面试人员提的问题不一定要求有什么标准答案，只是要应试者能自圆其说而已。这就要求应试者在答题之前尽可能考虑周全一些，以免使自己陷于被动局面。你可以根据提问的内容适当地进行发挥，让招聘者更充分地了解你某个方面的特长。

❻ 摆正自己的心态，委婉机敏

面试者在面试时有时会故意刁难应聘者，这并不奇怪。特别是对于应聘管理或销售等职位的求职者，这种刁难可能更经常发生。刁难应聘者主要是为了考查应聘者的反应能力。如果你遇到了面试者的刁难，应该沉着应对，你一定要心平气和，较为委婉地加以反驳和申诉。对于实在难以回答的问题，可以直截了当地讲明原因，或者以一些幽默的方式应付过去。如果你面对刁难而不知所措，这恰恰说明了你的应急能力和反应能力较差。

4. 揣测面试考官心理类型的技巧

面试还没正式开始之前，招聘者和应聘者会有一些简短的对话，应聘者可以根据招聘者简短的言行迅速判断对方属于哪一种类型的人，具有什么样的心理特征，也就是察言观色，以便有针对性地交流。据国内外一些专家的分析，主试人大致有四种类型：

（1）**目标导向型**。这类人一般总是板着面孔，一本正经地提问，简单明了，直来直去。应聘者要简明扼要、直截了当、充满信心地回答问题，不要牵涉与主题无关的话题。

（2）**深思熟虑型**。这类人思考周密，小心谨慎，往往会要求应聘者详细地介绍自己，并且可能会对某个问题进行深入的了解。因此，应聘者应该全面地回答问题，并且重点突出，思路富有逻辑性。

（3）**温和家庭型**。这类人说话客气，举止大方，平易近人，往往让人感到很友好。应聘者在应聘中尽可能强调自己与人为善、友好合作的一面，比如与同一宿舍的同学友谊等，唤起主试者的情感共鸣。

（4）**轻松浪漫型**。这类人经常凭第一印象、凭感觉判断问题。应聘者既要有自信，又要谦虚，最好是顺其自然，做一个好好先生，表现出对他的看法的赞成等，给其留下好的印象。

三、大胆推销自己

在人才市场上，劳动力也是一种商品，因此，在就业过程中也要学会推销自己，掌握推销的技术。

（1）**要创造良好的第一印象**。良好的第一印象总能创造求职前进的机会。人的年龄、相貌、身高等是无法改变的。因此，应该调节好心态，树立自信心，注意投简历和面试时的言谈举止、服饰仪表等；还要以自己的知识和技能把自己的优势和特长展现出来，获得招聘单位的青睐。

（2）**把握机会，用行动证明自己**。在各种场合都要细心把握可能给招聘者形成良好印象的机会，用自己的行动展现自己拥有岗位需要的能力。有时候，招聘者会故意设置一定的出乎意料的场景，考查应聘者的胆量、知识和能力。如果稍不注意的话，机会就从身边溜走了。

你知道吗

求职面试"十不要"

❶ **不要没有自信**。即使自己有某些方面的缺陷，也要从其他方面来展现自己的优势和特长，表现出不卑不亢的自信心。

❷ **不谈薪水**。那种一开口就问"工资报酬多少，福利待遇如何"的求职者最令面试人员反感。求职者关心收入和待遇的心情可以理解，但八字未见一撇，一开口就讨价还价，是不成熟的表现，求职毕竟不是谈生意做买卖。

❸ **不要冷场**。面试中的交流应该是互动的，有时面试人员突然"沉默"，应聘者一定不要慌乱，这可能是在考你的应变能力，你应该想方设法寻找合适的话题打破沉默，化解相对无言的尴尬，这也是一种自信的表现。

❹ **不要支配招聘人员及话题**。有时招聘人员年纪比较轻，或比较谦逊，你就有可能在潜意识里想支配他。但一旦真的支配了他，那他就会不舒服了，你自然也没什么好结果。

❺ **不要随意插话**。交谈中打断别人的话，会给人急躁、鲁莽、不礼貌的坏印象。如需插话，应先征得对方同意，用商量的语气问一下"我提一个问题可以吗"。

❻ 如果明确被告知因为某种原因不能被录用，不要硬缠死磨，因为许多决定不是招聘者本人的决定。但如果有很充分的理由，你也可以据理力争，但一定要有礼貌。

❼ 不要与招聘人员"套近乎"。具备一定专业素质的面试人员是忌讳应聘者套近乎的,因为面试中的双方关系过于随便或过于紧张都会影响面试人员的评判。

❽ 不要当面询问面试结果。面试完毕致谢后说声"再见"就可以了。

❾ 不谈政治。即使谈到也要表现得稍微中性一点或主观感情色彩不要太浓,言语也不宜太激烈。

❿ 交谈中不要过多重复、唠叨,答非所问。

四、面试后应注意的问题

面试后的行动也是整个面试的一个组成部分,是面试的延续。同学们不仅要注重面试中的表现和发挥,也应当注意面试后的礼节行为和有关工作以及对策。

面试结束一般是由面试考官宣布的,我们在离开面试现场时应礼貌道谢,感谢考官给予自己面试的机会,然后及时退出考场并轻轻关门离开。如果觉得言犹未尽,可在事后予以说明或回访,切忌在当场拖泥带水,影响他人面试。面谈、面试后要注意的几个问题:一般地说,面谈、面试结束后,不能坐在家里静候佳音,也不能垂头丧气地挥手"拜拜",这两种态度都不可取。正确的做法是,与用人单位保持联系。一是要在一周之内,给用人单位具体负责招聘的人员写一封短信,在信里要感谢他们为你花费的精力和时间,感谢他们提供的信息和机遇。二是如在两周内未接到任何回音,可以给主考人打电话,询问是否已经做出决定了。在电话中,可以表示出你的兴趣和热情,还可以从他们的口气中听出你是否有希望得到那份工作。

联系的方法有很多种,可通过写信、打电话或登门拜访,表示感谢、询问情况,加深印象。"礼多人不怪",在用人单位难以取舍之际,这些努力的结果是很有效的。对于远道而来的招聘单位,你一定要记住单位的详细地址、电话号码、招聘部门以及主试者的姓名。采用写感谢信或打电话方式进行联系,把你在面试时遗漏的问题和对单位的企盼态度,很婉转地加以表明。

有的时候,面谈、面试看起来很成功,但结果仍会落选,对此不必大惊小怪。面谈、面试时,大多数用人单位都会尽量隐藏他们的真正意图,不会轻易让你看出来。万一通知你落选了,如果可能,应该虚心向他们询问你有哪些欠缺,以便今后改进,这样可以知道自己为什么落选。一般来说,能够得到这样的信息反馈并不容易,应该好好抓住时机,向他们请教。总之,得到一次面谈、面试的机会很不容易,不要轻易放弃希望。如果面谈、面试成功了,也不要得意忘形,要仔细想一想面谈、面试时对方提出的问题,分析一下自己还应做哪些方面的努力和准备,充分利用毕业前的一段时间充实和完善自己。

1. 请问怎样获取各种求职信息?

2. 一封求职信一般由哪几部分构成?

3. 简述他人协助就业的几种途径。

4. 面试时,在礼仪方面应注意什么问题?

5. 学生在去招聘单位面试之前应做好哪些准备?

6. 请问与面试官交谈过程中的技巧有哪些?

第四章 创业与创业教育

◀ 教学目标

在职业教育计划中，政府正在逐步推进素质教育和深化教育教学改革，并提出了一系列的方针政策，为培养具有创新意识、创新精神和创新能力的创业人才创造条件，目的在指导中职生的自主创业之路。通过本章的学习，学生应掌握创业的基本内涵和意义，树立起积极的就业观，培养自我的创新意识，提高综合素质。

◀ 教学要求

认知：了解创业的概念，理解创业教育的政策和基本目标。

情感和态度：创业是富有创新精神的高层次劳动，是创业者全面素质和综合职业能力的体现。

运用：创业虽不等于创新，却充分体现了创新精神，所以创业本身要求的条件很高，对创业者的素质要求很严格。

第四章　创业与创业教育

知识点 1　了解创业教育与创业

一、创业与创业教育的含义

1. 什么是创业

创业不同于择业和就业。择业是指人们具备了某种从业的基本条件，去选择现有的职业或岗位。而从事已选定的职业或岗位叫就业。**创业**，顾名思义包括"开创"和"立业"两个环节，即创办新的职业或企业。创业就是为社会创造新的就业岗位，给予创业者自身新的成功机遇，开始其富于挑战的新人生征程。创业不仅能为自己和其他就业者提供就业岗位，而且能为自己和社会创造财富；创业是一种促进社会稳定发展、富有进取精神的劳动。

创业的概念具体来说，可以从以下三个方面理解。

（1）**广义层面**。从广义上来看，创业包括诸如开发应用科技成果、承包企业或经营公司、投资或入股、在岗创新、开办新企业、企业的二次创业、转换岗位寻求新的发展等方面。

（2）**狭义层面**。创业的内核中包括"创"和"立"，其两者是不可分的。其中的"创"是指把一个新企业创建起来，是一个从无到有或从旧到新的过程，但没有涉及企业长远生存和发展的问题；而"立"就是指使新建立起来的企业生存下来，并使之发展壮大，追求的是一个由小到大、从弱到强的过程。一个成功的"创业家"一般是要极力地完成这两个环节，否则充其量只能称为"创业者"。

（3）**职业层面**。创业一般包含四个方面的含义：第一，根据市场需求，开创某种职业或企业；第二，创造出前所未有的新职业；第三，凭借自己的力量创设职业岗位，而从事某种职业；第四，努力奋斗，开拓自己所在的职业领域，拓展和更新其内涵，推动职业发展。由此可知，创业者和一般的就业者相比，需要有更强的责任和承担更大的风险。

创业是创业者的个人行为，是创业者按照国家的有关法规和政策，通过对市场前景进行综合性分析，结合自身的条件和意愿所做出的就业选择。

二、创业的决定因素

一个即将就业的人决定是否创业是综合各方面的因素以后才做出决定的,主要因素有以下几种:

❶ 创业者自身的意志质量,这是决定性因素。

❷ 创业者对职业的追求,以及对待创业的坚定信念和自身的综合职业能力。

❸ 受成功创业者的影响和启发,自己去效仿的。

❹ 通过创业教育获得创业的基本素质和基本技能,从而产生创业思想并付诸实施。

看到当今社会在择业、就业、再就业过程中出现的困惑,决心自己开办自己的企业或公司,放手一搏。

1. 什么是创业教育

创业能力的强弱是一个人的素质、创新意识和工作能力等综合体现。所谓创业教育其目的主要是激励青少年积极开发自己的最大潜能,以开发和增强青少年的创业基础素质,善于发现和把握一生中那些通往成功的无数潜在的机遇,培养具有开创型的个性人才为目的的教育。创业教育涉及多方面的研究领域和学科知识。

创业与创业教育相互促进和相互依存。如果学生要想在未来成功创业,除了奠定基本的文化知识和专业知识基础外,还必须接受创业教育,在学校期间学习和培养创业所需的基本素质和能力。邓小平同志基于中国的国情而提出的承认和鼓励创业者的一个观点就是"让一部分人先富起来"的重要思想,所以中国经济的稳定与发展需要更多的创业者。如果学生通过奋斗,能成为一名成功的创业者,那么他们的事迹会影响和推动创业教育的深入,使以后立志创业的同学受到鼓舞并汲取经验,进一步使他们具备未来成功创业者的潜力。

2. 社会现实与创业

(1)**市场机制的发展与变革**。在知识经济的发展浪潮中,美国的许多学生利用高科技自主创业,成为美国硅谷的中坚力量。我国北京的中关村也活跃着一大批自主创业的学生,许多成了名副其实的"资本家",如丁磊、王江民、求伯君等。知识经济的发展为当代学生创业提供了千载难逢的机遇,你拥有技术,拥有专利,就可能找到风险投资,而你以技术入股,还可能申请到扶持高新技术的银行贷款。在今天,利用知识和智慧创建事业并迅速致富已不再是梦想。

(2)**供大于求的劳动力市场**。面对我国劳动力总量供大于求、就业压力巨大的现实,高职生除了到已有的企事业单位就业外,国家、地方也都在相关政策下大力提倡毕

第四章 创业与创业教育

业生探索自主创业,利用专利技术争取风险投资或政府小额贷款,创办民营公司,承包国有中小企业,或进军高科技、农业和第三产业,为社会创造更多的就业岗位。因为毕业生掌握了一定的科学技术和专业知识且具有一定的综合素质,具有较大的实现成功创业的可能性。

（3）**新人才观对传统教育的挑战**。新世纪的学生创业浪潮涌起,对中国传统教育提出了挑战。挑战来自两个方面:一是同学们在创业中出现的问题暴露了传统教育存在的弊端;二是社会和学生对创业的需求,要求教育进行及时的改革。为此,我们要转变观念,对学生开展以创新和创业为中心的素质教育,大力培养学生的创新能力和实践能力,拓宽学生的知识面,特别要加强市场经济方面的知识,把学生培养成复合型人才,并要注意加强学生心理素质教育。

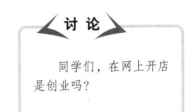

▶ 讨 论 ◀

同学们,在网上开店是创业吗?

（4）**社会的巨大需求**。学生创业为社会创造巨大财富和价值的例子不胜枚举。远大中央空调有限公司生产的中央空调已成为国际知名品牌,产品远销欧美各地,每年上缴税金1亿多元,它的创办者张剑、张跃两兄弟就是毕业不久即自主创业的学生。比尔·盖茨从哈佛大学退学创立微软公司成为世界首富的故事更是众人皆知。

提倡、鼓励学生创业,是提高学生能力素质和心理素质的一条有效途径。中国缺乏创新型人才,中国亟须一支高素质的企业家队伍。不论同学们创业成败与否,其中必定会涌现出一大批精英人才,成为未来社会的中坚力量。而且,创业者的精神将感染其他同学,这对整个学生群体能力与素质的培养将起到难以估量的推动作用。

3. 中职生创业教育的内容和特点

（1）**创业教育的内容**。创业教育包含两方面的内容:一方面,创业教育指导学生在校期间就打下必要的创业知识储备基础,做好创业的思想准备和心理准备;另一方面,创业教育一方面培养学生树立企业家精神、自我发展意识和自我就业意识,通过培养学生的胆识、能力,增强其社会责任感。由此可见,创业教育是一种有目的、有计划的群体教育行为。

一般来说,创业教育具体由以下几方面构成:

❶ **创业者的素质教育**

关于创业者的素质学习,主要是通过掌握企业家的一些基本素质和个性特征来获得,其内容包括比如企业家的思维方式、心理素质、行为特征等。

❷ 公司运作的知识技能及管理学方面的知识学习

关于与企业或公司内部运作有关的知识与技能的学习，主要是掌握如创业策划、资金运作、筹资与融资、资产管理、成本控制、市场营销、市场分析、产品开发、产品服务等。而管理学方面的知识主要有如管理学要素（决策、组织、领导、控制、创新）以及当前各企业颇为关注的质量管理体系和环保政策等。

❸ 创业的法规政策学习

关于创业的法规政策学习，主要是掌握与创办企业或公司有关的法律事务以及财税金融知识，其内容包括比如合同法、知识产权、公司法、纳税政策等。

❹ 相关案例分析

关于案例分析方面的学习，主要是通过选择国内外一些职业院校毕业生自主创业的典型成功案例进行分析，并邀请一些已成功创业的企业家向学生介绍自身经历和切身体会，从而使学生获得第一手资料。

综上可知，培养学生的创业基本能力和初步认知就是创业教育的实质。

（2）职业院校创业教育的特点。目前，创业教育已成为全世界高等教育和职业教育发展的趋势。这就要求职业院校应建立一种机制，对职业院校的学生进行系统完善的创业培训与服务，为学生形成良好的创业意识和能力创造环境，并力求在实践中培养和挖掘学生的创业潜能。在当下，许多成功的创业经验也为创业教育提供了丰富的资料，在实践和经验的融合中，中职生的创业教育主要有以下几个基本特点：

❶ 加强学科之间全面渗透是创业的基础

创业教育思想应在所有的教学科目中均体现出来，各个科目的都应涉及和教授与创业教育有关的内容，因为创业教育的内容十分广泛，所以在教学中，英语教师不妨讲授一些企业英语知识或通过国际网络介绍与其他国家做生意的方法，历史教师可以介绍企业家的过去和现在，使学生充分了解企业家成功或失败的原因，为学生今后的创业做准备。

第四章　创业与创业教育

❷ 转变旧的就业观念是创业的思想指南

思想是行动的指南。创业教育是要使学生将被动的就业意识转变为主动的创业行动，鼓励学生将创业作为自己的职业选择之一。改变传统就业观念，也就是使得学生一改就业者需要雇主的观念，从而改变在就业方面就业者处于被动的潜在思想意识。

❸ 加强创业体验，获得更多实战经验

创业体验一般具体包含这些内容：学生在教师的指导下制订创业计划、设计店面、寻找经营地点、给企业取名字、选拔人才、制定销售目标、讨论预算、制定管理制度、设计与开发广告等。创业教育的基本目标是通过有计划、有目的地指导学生逐步体验创业的内容，使学生通过创业体验获得对企业的感性认识。

❹ 积极谋求社会或教育组织对创业教育的支持，将创业教育变得切实可行

由于创业教育是一项社会性较强的教育，需要全社会的大力支持和参与并形成有效的社会保障体系，因而学校应注重通过成立各种相关组织机构，开发和利用多种教育资源，并取得政府和社会资金的有力支持，使得校园的创业教育变得现实可行。

（3）创业教育的发展情况。在党和政府的重视和关怀下，我国的创业教育工作已经深入开展，并在部分地区取得了明显的效果。其后，在一些有关教育工作的重要会议上，党和国家的领导人都对创业教育做过重要指示。所以，虽然我国在创业教育方面的研究工作起步晚，但是在推广创业教育的范围和加快创业教育的进展却十分迅速。

目前，正在我国的大中专院校中全面开展的创业教育活动，就是为了贯彻落实《关于深化教育改革全面推进素质教育的决定》和《面向二十一世纪教育振兴行动计划》。政府和教育部已经将创业教育提上了日程并加紧推进课程实践，在职业院校中积极促进并抓好创业教育，使创业教育作为素质教育的一个重要方面在学校中开展，对于促进中职毕业生更新与转变就业观念，提高个人综合素质，增强就业创新能力发挥着不可替代的作用。

你知道吗

教育的三本"护照"

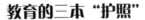

柯林博尔对创业教育理论和实践的论述对创业教育做了一个总结：在未来社会中每个人应得到三本"教育护照"。

第一本：是基础文化知识，即学术性的"教育护照"；

> 第二本：是专业技能，即职业性的"教育护照"；
>
> 第三本：是证明个人事业心、开拓精神与技能的，即个人质量的"教育护照"。
>
> 其中第三本"护照"的获取主要是通过接受创业教育来实现的。

知识点 2　新时期的创业教育与就业观念

一、创业教育的社会意义

1. 创业教育旨在培养中职生的竞争力

进入 20 世纪 90 年代以来，我国职业教育改革的一个重要方面是打破免费职业教育和毕业生国家分配制度，取而代之的是缴费上学以及双向选择、自主择业的毕业生就业市场的逐步形成。随着我国职业教育的迅速发展和毕业学生人数的不断增加，以及政府部门的人员分流和企业改制而引起的劳动力市场人力需求的变化，近年来，一些地方开始出现中职毕业生就业难的局面。

2. 培养中职生适应社会的能力

当前，教育部《面向 21 世纪教育振兴行动计划》中明确指出："加强对教师和学生的创业教育。"素质、能力、创新、创业已成为社会关注的焦点。因此，作为当代的教师和中职生应树立创业意识和创新精神，掌握创业所需的知识和技能，增强适应社会的能力，这在当前对社会和个人都具有特别重要的意义。

3. 改变中职生的传统思维模式

创业教育的核心意义，也是创业教育的主要目的，就是通过创业教育对学生进行创业素质、精神、开拓创新、合作能力、个性质量、适应能力等方面的教育和指导，可以逐步改变学生的传统思想观念，促进学生树立正确的符合时代的新观念。

创业教育的实质，就是创业意识的培养、创业能力的训练、创业知识的传授以及创业实践经验的介绍过程。以往的职业教育，只是强调一个目标，就是使受教育者具备"应聘"或"从业"能力。而创业教育不仅仅是使受教育者有应聘从业的能力，更重要的是使受教育者有自我创业的能力和意识，通过自身的创业实践，更大程度地实现创业者的潜能和人身价值。学生在教师的指导下，认识创业过程，逐步成为一个高素质的创业者，这其中包含着一种全新的就业思想认识教育。

你知道吗

中职生是创业大军的主力

根据国家发展和改革委员会中小企业对外合作协调中心、清华大学中国创业研究中心、中国农业大学 MBA 中心联合推出的《中国百姓创业调查报告》显示，26~35 岁是创业的最佳时期，在这段时期创业的人数达到 47%；36~46 岁的创业者占 27%；25 岁以下的创业者占 18%；46 岁以上的创业者占 8%。创业者中高中学历所占的比例最大，其次是专科学历。未来发展仍呈现出专科、本科、研究生学历的创业者人数逐年增加的整体趋势。

21 世纪的青年学生中，就业观念相对于 20 世纪 80 年代和 90 年代初的青年学生已有了很大的改变，比尔·盖茨、卡耐基、洛克菲勒等创业家已成为当代青年学生的偶像和奋斗的榜样。他们已不再把政府机关和国有企业甚至是待遇优厚的外企作为自己的终身归宿，而是把这些单位作为获取经验、增长见识、锻炼能力、寻找机会、积累资本、建立客户关系和社会网络的中转站，一些人已经具备了强烈的创业精神和创业意识，积累了一些创业经验并准备将社会的实际需要与自己的专长紧密结合，探索自主创业之路。

4. 创业教育旨在促进经济发展

创业家是国家经济可持续发展的原动力。从20世纪80年代开始，美国率先进入创业型经济时代，每年大量涌现出的新企业重新使美国的经济发展速度大大超过了日本和欧洲国家，并且目前已率先步入知识经济时代，因此，创业家被称为美国经济再创辉煌的"新英雄"。目前，鼓励创业、以创业拉动经济增长、减轻就业压力的思路已经成为世界各国的共识。

目前，我国正在各个方面为创业者提供良好的环境，例如，统一的市场体系正在逐步形成，市场法规正逐步建立和完善，市场观念意识日益深入人心，私人财产受到法律保护，生产要素市场日益完善，并且各生产要素参与分配已经写入了宪法等。这些都为每一个想创业的人提供了良好的条件和机遇。相信在不远的将来，中国的大企业能够在全球500强中占据众多的席位，中国的成功创业者能够进入全球富翁排行榜中。

二、就业结构转型与就业观念的转变

改革开放以来，我国已深入推进市场经济体制改革，随着一系列的制度改革，中国经济的飞速增长为社会带来的富裕的物质生活，也带来了就业观念、就业模式及劳动方面的诸多变化。

1. 新技术带动就业结构的转型

（1）对劳动力结构的影响

随着经济增长加速和产业结构升级，新技术的开发和应用改变了传统就业结构，也引起了劳动力结构的调整，即劳动力结构必然要与产业结构的变动相适应。新技术带来的两方面影响有：第一，新技术创造了新的就业领域，形成了新兴产业，需要有相应知识和技能的劳动者来填补和支撑；第二，新技术提高了传统产业资本有机构成，使部分劳动力逐步被挤出市场。

（2）新技术对于就业的影响

新技术对就业结构的调整主要体现在以下几个方面：

❶ 创造了新的就业力量	新的就业力量随着教育和科技的发展将层出不穷，家庭办公等新的工作方式的日渐盛行，一方面使得使企业对劳动者素质的要求不断提高，迫使劳动者增强专业知识技能；另一方面，也使本来就拥挤的就业岗位变得更加拥挤，导致企业不断解雇低素质的劳动者，从而进一步加剧了结构性失业的趋势。

第四章　创业与创业教育

❷ 减少了部分传统领域的就业岗位	由于新技术使传统产业的资本有机构成不断提高，原有产业的部分劳动者被不断挤出。劳动力在产业结构间的流动和配置需要相应的时间，即从失业到就业需要相应的时间，当被挤出的劳动者在知识结构和专有技能上仍不能满足新兴产业的需求时，劳动者则处于失业状态。这就造成劳动力供求总量均衡下的结构性失业。
❸ 创造了新的就业领域	现代新技术不仅可以创造新的产业和新的就业岗位来容纳劳动力，而且以网络技术和信息技术为重要特征的新技术也促进了各国经济的国际化，使世界经济趋于一体化，同时也使劳动力在国与国之间流动和配置，形成了无国界就业的浪潮。
❹ 缩短了劳动者的失业周期	新技术促进产业结构的调整也使得经济波动的周期逐渐缩短。在经济萧条时期，部分劳动者因企业要实现降低成本费用和降低产量的目标而被迫失业，即发生周期性失业。而且经济波动周期的逐渐缩短导致这种周期性失业的频率会随之加快。
❺ 延长了劳动者就业的年限	科学技术在医疗事业中的应用，形成两方面压力：首先，医疗保健技术飞速发展，劳动者的平均寿命不断提高，使劳动者从事劳动的年限不断延长，这无形中阻碍了新生劳动者进入就业岗位；其次，总人口也在不断地增加，新增的人口就是未来的劳动者，因此，人口的增加也是造成失业的不可忽视的重要因素。

2. 市场经济条件下就业观念的转变

面对市场经济和相应的劳动力市场就业模式，我们都需要重新阐释就业观念，即在市场经济条件下的就业观，其内涵主要体现在以下几个方面：

（1）**职业发展观念**。随着我国市场经济的建立和完善，社会为每个人的发展提供了展示的机遇。学生要在学校期间就开始从职业生活的角度去规划人生、选择职业、调换职业和创造职业，以便日后有计划地通过辛勤劳动与职业变换获得自身最佳的发展成就，从而实现人身价值。

（2）**新型自主就业观念**。在市场经济体制下，发挥人的主动性和能动性非常重要。完全依靠父母或完全依靠"单位"是无法在社会立足的，青年要发挥主观能动性，自主择业，主动地到市场中去闯荡，最大限度地发掘自己的潜能。

（3）**就业竞争观念**。无论在劳动力市场上还是在工作单位内部，都存在着竞争，为创造更好的就业或晋升机会，就要求人们有较高的成就动机以及有相应的能力与素质。因此，改革开放以来，读书、学习、进修及各类技能考核等已成为人们积极主动追求的生活内容。

（4）法制观念。当今社会的就业人员都应当具有法律观念，不论就业或创业都应学习相应的法律法规，学会有效地利用法律武器来保护自己的合法权益。法律具有非常重要的作用，不仅能合理地协调劳动关系双方，解决当事人之间的矛盾和纠纷，而且还能维护当事人的合法权益。因此，市场经济的建立和完善需要有严格的法律制度作为基础和保障。

（5）创业观念。在今天创业环境日趋完善，已有部分人，特别是一些有远见的年轻人，毅然选择了自己创业之路，并且走向了成功，从而促进自身价值观、社会价值观和人生观的完善和实现。那么在市场配置资源的模式下，人们除自主择业外，还应树立自己创业、开拓事业、开拓人生的观念。在就业压力大的情况下，创业不仅有利于解决就业问题，而且能够找到适合于自身能力和意愿的职业，能够在创业过程中发挥自己的才干。

（6）道德观念。社会主义市场经济不仅在法律上约束经营者，而且也在道德观念方面达成共识，例如：遵守公平合理、诚实可信等信条；有良好的职业道德，有长期合作和长远发展意识；有干事业的精神，而不是做见利忘义的"奸商"等。因此，在这种环境下就业和创业的劳动者必须具有良好的道德质量，树立敬业、团结协作、互惠互利、艰苦创业等意识。

（7）职业流动观念。在计划经济时代，绝大多数人员的岗位属于有计划地调配，一般在职人员的职业流动率很低。改革开放后，一系列变革促进了劳动力和人才的相互交流，逐步形成了劳动力资源的市场配置，随着市场经济的发展和企业人事制度改革的不断深入，市场配置劳动力和人才的作用已占主导地位。尤其是在国家实行多种经济成分并存、鼓励个人开办独资企业的情况下，将会有越来越多的劳动力和人才涌向非公有制经济企业，改变以往大家走"独木桥"去国有企业、政府机关、事业单位的"大锅饭"思想，让人才真正体味到了"人挪活，树挪死"的真

> 讨 论
>
> 现在，好多求职者比较关心三件事：
> ①工资待遇；
> ②能否学到知识；
> ③是否有前途。
> 你认为呢？

谛。在机会越来越多，也越来越容易流失的情况下，劳动力和人才的流动趋势将会进一步扩大，诸如"跳槽""转岗""辞职"等将会更加频繁。

（8）利益观念。就业者的利益观念是指就业者通过努力工作而获得高收入，通过辛勤劳动发家致富。近几年来的多项择业调查结果表明，"高收入职业"已成为就业者的首选目标之一，即就业者的利益观念是选择高工资、高回报的职业。但利益观念与"拜金主义"是完全不同的，正确的利益观念是对劳动应获取的报酬的不懈追求。21世纪，社会

主义精神文明建设的同时。人们也已对物质利益原则普遍接受，例如，社会生活中的各类"经纪人"充斥社会的各个方面，就说明了人们对利益原则的普遍认同。

三、就业观念的更新

1. 传统就业观

在传统的工业社会中，生产所消耗的主要是自然资源和劳动力的体力及相应的简单操作技能，同时，各企业一般都处于不断地扩张的过程中，就业的岗位相对较多，失业率比较低。因此，在工业经济时代的就业观念如下：

（1）**体力劳动**。体力劳动和勤奋工作为社会所崇尚，劳动者只要有健康的身体、充沛的体力、一技之长、勤于劳动就能有工作干，并能取得相应的工资收入。

（2）**企业向心力**。企业文化的精髓是劳动者忠于雇主或企业，这正是劳动者不失业的基本保证。各个企业通过固有的文化教育和熏陶来不断提高企业内部的凝聚力和向心力，做到进一步保持企业的稳定与发展。这种思想尤其是在日本的企业中表现得最为充分，美国的企业也曾试图效仿，并且在 IBM 公司中付诸实施。

（3）**知识单一**。劳动者知识结构单一，缺少积极学习新知识、新技术、新技能和树立终身学习的意识，抱守一技之长，信奉"一招鲜，吃遍天"的信念，所以，一旦失业，就难以及时找到新的工作。

2. 新型就业观

进入知识经济时代后，知识经济成为主导，知识经济所消耗的主要是知识和劳动者的智力，其本质是以智力资源的占有与配置和知识的生产、分配、使用为重要因素的经济。在知识经济时代，知识的创新和衰退速度正逐步加快，知识在经济发展中的地位变得越来越重要。要求个人逐步地向复合型人才发展，必须及时更新知识，调整知识结构，不断地加强新技术和新技能的培养，才能符合时代发展的要求。

在知识经济社会环境中，传统工业经济社会时代产生的就业观念就需要进行更新和转变，体现为以下几方面：

（1）**智力劳动**。新知识经济环境下，具有健康的身体、充沛的体力、一技之长和勤于劳动仅仅是就业的前提，最重要的是要拥有较丰富的知识，要不断调整与完善知识结构，及时充实与更新知识，掌握新技术和新技能，要有不断创新精神。劳动者的劳动不再是简单的机械操作和体力劳动，而是输出智力。具有高知识水平和创新能力的人享有崇高的地位，会越来越受到社会的尊重。因此，在知识经济社会环境中，就业的目的是依靠智力去获取相应的收入。

（2）**忠于自己**。在知识经济社会中，资本和劳动再次结合，劳动者之间是智力的协作，自己是自己的主人，即使是偶尔受制于人，也只是暂时性的现象。所以，忠于雇主是暂时性的，忠于自己是永恒的。

（3）**团结协作**。在以后的经济生活中我们会遇到许多自己很难独立解决或完成的工作难题，因此，在这种情况下，为了提高工作效率，高质量地完成任务，我们就应当树立团结合作、共同发展的意识。同时，在为人处世过程中要有长远打算，不能在外人眼里留下"见利忘义""过河拆桥""卸磨杀驴"的不良印象，否则，将来的路会越走越窄，甚至会影响事业的进一步发展。因此必须培养良好的团结协作精神，高素质人才应该具备的基本要求是勤奋、诚实、能力和团结协作精神。

（4）**个人素质**。良好的个人素质包括完善的人格、良好的社会适应能力和心理素质。世上的任何事情都不是一帆风顺的，要想获得成功必须经过奋斗和努力，克服这样和那样的困难，有时甚至要付出很大的代价。现代社会的发展，对人提出了更高的要求，不仅要求人具有较高的知识与能力，更要求人具有完善的人格、良好的社会适应能力、坚定的信念和精神，而且还要有独立自主和勇于承担社会责任的道德素质，要具有意志坚强、开拓进取、艰苦创业、吃苦耐劳、不怕困难、坚韧不拔的素质，要有敢于面对挫折和失败的勇气，没有吃苦的精神是不能达到胜利的彼岸的。

综上，知识爆炸的时代，经济核心竞争力就是新知识技能，我们每个人只有积极调整自己的思维方式，关注知识经济和社会发展的动态，积极更新与改变传统的就业观念，不断积累新知识和新技能，培养创新意识和创造能力，才能适应知识经济时代对劳动者需求的变化。

知识点 3 创业教育指导原则

作为一名即将开始创业的创业者，首先要面临的现实问题就是要认真客观地评估自己的基本状况和条件，规划自己的创业模式。然而如何使中职生在校期间能得到全面的教育指导，则是当代职业院校需要充分考虑的事宜。面对我国劳动力资源相对过剩及结构调整的局面，毕业生在未来的职业生涯中，要紧紧围绕"学会认知、学会做事、学会共同生活和学会生存"四个方面来磨炼自己，培养具有跨专业和跨岗位的能力，培养一定的创业技能，以适应社会对人才的客观需要。

第四章　创业与创业教育

一、创业者应具备的基本知识结构

创业者应具备的基本指导思想就是要做到按照市场经济规律，紧密结合个人实际，在认识社会职业结构变化和把握市场机会的前提下，选择合理的创业项目，掌握开办企业的各类手续、法规、法律知识、经营管理知识等，运用个人社会交际能力、公关能力、组织管理能力等，将创业项目变为现实。其一般常涉及以下知识要求：

（1）**了解市场信息**。深入了解市场信息，准确分析，明确定位创业的基准点和范围。

（2）**加强自身综合素质的培养**。加强创业基本素质和能力的培养，如心理素质、文化素质、专业知识和技能、团队精神、职业道德及诚信等。

（3）**做好创业前的调查**。做好创业前的准备工作，如分析服务对象、竞争对手、经营环境等，并制订相关的经营计划和方案。

（4）**做好企业再创业**。初期的三件事一是筹措资金；二是进行企业注册登记；三是制定必要的经营管理制度。

（5）**加强企业管理**。企业在经营过程中要加强人事管理，财务管理，物品的采购、销售、保存管理等。

（6）**充分学习相关法规政策**。要逐步了解企业在经营过程中涉及的法规和政策等，避免违纪行为，同时利用好政府给予的优惠政策。

二、创业的一般模式

创业的模式有很多，从类型上分析，创业的基本模式主要有以下几种：

（1）个人（独立）创业。这种创业模式主要是指从创业的决策、申办、资金准备到经营和管理等方面均由个人负责承担。

（2）知识（技术）入股型创业。这种创业模式需要明确知识入股人的合法地位，主要是指凭借自己的某项技术或知识成果或某项专利作为资产或资本，与他人合作创办企业的模式。

（3）合伙（合资、合股、合作）创办型创业。合伙（合资、合股、合作）创办型的企业资金采取入股方式筹措，与个人（独立）创业型不同的是需要确定企业法人代表，并按出资人持股数的比例承担各种经营风险。

（4）个人承包型创业。所谓个人承包型是指由单个人承包一个企业，如国有企业、农场、民营企业、某个服务企业或某个商店等，以实现自主经营的创业模式。这与个人（独立）创业型不同的一点是承包的期限和承包的法律责任应有明确的规定，承包前出租方和承包方必须事先签订承包合同，明确承包期限、租金和双方法律责任等事宜。

（5）连锁经营型创业。这种创业模式需要明确品牌的价值或股份及连锁经营的管理模式等。具体来说是指有偿利用他人的知名品牌进行品牌经营，以实现自主经营的创业模式。

艰苦创业自主人生

民营企业家淄博顺和实业公司总经理孙继林如今拥有两大超市，他的奋斗历程就是一个艰苦创业、自主人生的典型历程。1986年，13岁的孙继林，因为家庭贫困而被迫辍学，与大哥一起来到淄博闯天下。起初，仅是为了混口饭吃。然而，在艰难的求职与生存中，饱尝辛酸的孙继林，下决心要自主人生，创出一番事业，为像自己一样的穷孩子撑起一片蓝天。为了实现这一目标，他以顽强的毅力，一边打工维持生计，一边修完了职业中专的全部课程。丰富的社会实践经验，为他搞好经营打下了坚实的基础，从职业学校学来的理论知识，更使他在经营中如虎添翼。十几年来，他依靠诚实经营、公平买卖、周到服务，赢得了消费者的认可。如今的顺和实业公司，员工达到120余人，其中80%是待业青年或下岗职工，每年上缴利税近百万元。每当谈起这段往事，孙继林不无自豪地说："如果不是当年饱尝苦难，也许根本就不会产生自己闯天下的想法，也就更谈不上自主人生了。"

第四章　创业与创业教育

创业成功者无疑都是积极实践、行动果敢的人。当然，创业精神还要在积极的创业实践中形成，职业技术学校的毕业生有知识，同时动手能力强，有技能，只要条件具备，就应该抓住瞬息万变的有利信息，敢于创业、大胆开拓、说干就干、雷厉风行，这样才不会坐失良机，事后叹息。

三、获取创业知识的途径

获取创业知识主要可以通过以下五种途径：

1. 利用媒体信息途径

通过媒体信息获得的创业知识具有针对性强的特点。

（1）**报刊媒体**。人才类、经济类媒体是首选，如比较出名的有《21世纪人才报》《21世纪经济报导》《创业家》《第一财经》《IT经理人世界》等。

（2）**网络媒体**。管理类、人才类、专业创业类网站是必要选择，如比较出名的《中国营销传播网》《中华英才网》《中华创业网》等。

（3）**创业中心、创新服务中心**。如学生科技园、留学生创业园、科技信息中心、先导民营企业的网站等。

2. 利用校园的课堂、图书馆和社团组织等途径

通过课堂学习能拥有一门过硬的专业知识，在创业过程中将受益无穷；在图书馆能找到创业指导方面的报刊和图书，广泛阅读能增加对创业市场的认识；积极参加社团活动能锻炼各种综合能力，这是创业者积累经验必不可少的实践过程。通过这种途径获得创业知识，无疑是最经济、最方便的。

3. 利用与商界人士广泛交流来获得知识

通过这种途径可以获得最直接的创业技巧与经验，将使你在创业过程中受益匪浅。商业活动无处不在。可以找有创业经验的亲戚、同学、朋友、网友、老师交流。在他们那里，能得到最直接的创业技巧与经验。这比看书的收获更多。还可以通过 E-mail 和电话拜访成功的商界人士，或咨询与你的创业项目有密切联系的商业团体。

4. 通过创业实践来获得创业知识

通过这种途径获得的知识与经验是最实用的，学以致用，印象也最深。创业实践是学习创业知识的最好途径。真正的创业实践开始于创业意识萌发之时。间接的创业实践学习主要可借助学校举办的某些课程的角色性、情景性模拟参与来完成。例如，积极参加校内

外举办的各类学生创业设计大赛、创业计划书大赛、发明创造大赛、工业设计大赛等，对成功企业家的成长经历、企业经营案例开展系统分析与研究等也是间接的创业实践范畴。

直接的创业实践学习主要可通过课余、假期在外的兼职打工、求职体验、参与策划、参与市场调研、试办公司、试申请专利（知识产权局）、试办著作权登记（版权局）、试办商标申请（工商局）、业余参加某些职业知识与证书班培训等事项来完成；也可通过举办创意项目活动、参加或参观高新技术交易会展览、创建电子商务网站、谋划书刊出版事宜、尝试做自由撰稿人等多种方式来完成。

讨 论

有人说先就业再创业比较好，为什么？

5. 迂回创业的途径

通过这种途径可以积累创业资金与经验，并建立一定的人际网络关系，为以后创业奠定良好的基础。所谓迂回就是指在条件不成熟时，先就业再创业，这是时下很多学生的选择。毕业后，由于自己各方面阅历和经验都不够，自己先到实体单位锻炼几年，待积累了一定的知识和经验后再创业也不迟。另外，先就业再创业的毕业生在跳槽后，所从事的创业项目通常也是与过去的工作内容密切联系的。并且在准备创业的过程中，可以利用与老板交流的机会获得更多的来自市场方面的创业知识与经验。

要知道创业知识广泛存在于校园的学习和生活中，只要善于学习与观察，总能找到施展才华的途径。但是，要善于学习、分析、整理、归纳和总结，因为在信息泛滥的社会里，学会"去粗取精，去伪存真"也是很重要的。

四、创业的正确方法和基本技巧

1. 创业的正确方法

能够在短时间内创业成功，关键在于是否找到了正确的方法。

（1）**观察**。观察当前社会上热门的产业、热门的行业。

（2）**测量**。测量产业的规模，测量行业的成熟度。

（3）**发现**。发现该产业或行业的空白点，发现该产业或行业顾客有需要，而尚未有人想到去满足的产品或服务。

（4）**行动**。一旦发现空白点，立即行动。

第四章 创业与创业教育

2. 创业的基本技巧

（1）**依托一个成熟的行业，行业需要足够大**。因为行业大，做细分市场才能够有钱可赚；因为行业成熟度高，利用现成消费群，才可以省去开拓新市场的费用和唤醒消费者的麻烦。

（2）**专注支流业务，不做主流业务**。做到满足消费者在主流需求得到满足之后的衍生需求。比如手机，消费者购买手机的主要目的是为了通信，为了随时随地方便地与他人沟通。所以，强大的通信功能和畅通的通信服务是消费者在消费手机这项产品和服务时的首要和主要诉求。手机好不好看，只是消费者的衍生需求，根本不影响手机的性能，通信是否畅通，也不是由手机好不好看决定的。这两项是手机产业的主流业务，要满足消费者的这两项需求，做好这两项业务，需要巨大的投入，中小投资者根本无力承担。所以，对于中小投资者来说，选择在细分市场做支流业务，专注消费者的个性化需求才是明智之举。

（3）**仅仅满足一部分人，而不是满足所有人的需求**。拿手机来说，目前国内的手机消费者已达3亿，想要满足所有3亿消费者的愿望是愚蠢的，也是不可能的。所以，你只能满足他们中间一部分人，经常可能只是一小部分人的需求。但是因为市场规模够大，即使只是满足他们中间一小部分人的需求，也足够中小投资者吃饱的。

（4）**服务要到位**。衍生需求，换句话说，就是可有可无的需求。有则更好，没有，对消费者也不会造成什么损失。因为如此，此类需求大多数时候是属于精神层面的需求，对从业者提供的服务往往有着超高的要求。这是需要投资者格外注意的。创业的过程中都会几经曲折，饱受消费者的"挑剔"，最后才能涉险过关。

1. 什么是创业教育？创业教育的目的是什么？

2. 新的就业形势需要什么样的就业观念？

3. 简述创业的几种基本模式。

4. 你觉得你最擅长通过哪些途径获取创业知识和经验？

第五章 中职生创业素养和创业能力

◀ 教学目标

  本章主要就中职生创业需要进行的几点能力及其培养方法进行阐释，包括创业素养、创业精神、创业能力和创新能力等，是学生充分做好创业前期的思想准备工作，理解和把握创业所需的全方位因素，拥有成为时代弄潮儿、乘风破浪的智力资本。

◀ 教学要求

认知： 理解创业素质和创业素养对一个创业者的重要性。
情感和态度： 进入新世纪，创新成为了促进社会持续发展的关键，创新精神的培养是时代的要求。
运用： 注重创业综合能力的培养，做好充分的准备，锐意进取，迈向成功。

第五章　中职生创业素养和创业能力

知识点 1　创业精神与创业素养

一、创业精神概述

创业精神是时代精神的集中体现，是时代对人们提出的要求。创业成功者的环境、条件、机遇等可能不尽相同，但他们有一个共同的特点，即强烈的创业意识和敢于冒尖、敢为人先的创业精神。

1. 创业精神的内涵

《中共中央关于加强精神文明建设若干重要问题的决议》指出："在全民族树立艰苦创业精神，是实现社会主义现代化的重要思想保证。我国是发展中国家，经济文化比较落后，处在创业时期。伟大的创业实践，需要伟大的创业精神。即使经济有了大的发展，人民生活有了大的改善，仍然需要保持和发扬这种精神。"

新世纪的伟大创业精神主要包括以下三层含义：

（1）**要有远大的理想和坚定的信念**。要坚持用科学的理论武装头脑，树立正确的人生观和世界观，决心为实现中华民族的共同理想，为祖国现代化建设奉献自己的智慧和力量。

（2）**要有实事求是的科学态度和脚踏实地的工作作风**。要坚持解放思想与实事求是相统一，既要敢想敢干，又要求真务实。

（3）**要有艰苦创业、顽强拼搏的精神**。以强烈的事业心和责任感，刻苦钻研、勤奋工作，努力掌握科学文化知识、专业知识和专业技能，要树立高标准，严要求，不怕困难，勇于创新，敢于创业，争创一流的思想。

2. 创业精神的培养

一般来说，精神的形成来自于实践的总结，来自情感和意志习惯的积累。因此，要形成创业精神就要养成良好的精神意志，要进行积极的创业实践。要养成良好的精神意志，形成可贵的创业精神，就必须注重以下四个方面的培养：

（1）**对自己充满自信**。对创业者来说，自信就是对自己充满信心，相信自己有能力，有条件去开创自己未来的事业。自信贯穿于创业活动的始终。自信赋予人主动积极的人生态度和进取精神，不依赖父母，不过分指望朋友，不等待国家和社会的安排，不守株待兔，幻想天上掉下馅饼来。创业成功能让人更加信心倍增，而失败和挫折则也能激发拼搏与奋斗的精神。"不到长城非好汉"的豪情壮志是大部分创业者对创业的一种坚持和追求。

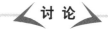

你认为创业最重要的是什么？

（2）**有胆有略的自强信念**。在这个时代，各行各业都是广阔的舞台，都是可以大有作为的，行行能创业，行行能致富，行行出状元。自强就是在自信的基础上，通过创业实践，不断增长自己各方面的能力，进一步磨炼自己的意志，建立起自己的形象，敢说敢当，敢作敢为，不贪图眼前的利益，永远进取，使自己成为强者。

一个大学毕业生、硕士研究生不一定能成为一鸣惊人的强者，创出一番轰轰烈烈的大业，而在我们周围却有许许多多职业技术学校的学生凭借自己勇创大业的胆略和不凡业绩，成了远近闻名、令人刮目相看的强者。他们有的白手起家，有的走南闯北搞长短途运输，成为市场经济大动脉中的新鲜血液；有的利用自己在职业技术学校学习的知识和技能，搞起了新型种植业、养殖业、加工业；有的苦心钻研，成为装饰业、建筑业的行家里手或当家人；有的成为小饭馆、美容美发店、服装店的经营者或小老板。他们以自己的实际行动，证实了自己是生活的强者、时代的主人。他们的轨迹说明了一个真理：人有胆略路自通，胸有抱负业无穷。

（3）**自主意识成就人格魅力**。自主就是具有独立的人格，具有独立性思维能力，不受传统和世俗偏见的束缚，不受舆论和环境的影响，能自己选择自己的道路，善于设计和规划自己的未来，并采取相应的行动。自主还要有远见、有敢为人先的胆略和实事求是的科学态度，能把握住自己的航向，直至到达成功的彼岸。

自主创业成就个人价值

自主是建立在社会需要和个人需要相统一的基础之上的，有损于社会和国家人民利益的个人行为应当坚决摒弃。在这一问题上，哈尔滨待业青年小王的做法会给我们一些有益的启发：在有关部门的鼓励和支持下，小王学习了服装剪裁技

第五章 中职生创业素养和创业能力

术，办起了个体服装店。她服务周到，收费合理，做工精细，赢得了顾客的信任和赞誉。她不仅生活得到了改善，还被选为市劳动模范、区政协委员、区个体户联合会委员。后来，她妈妈退休了，让她顶替，她谢绝了，她觉得现在的工作更适合她，更能施展她的才华，她为此感到很充实。

小王的做法告诉我们：在当前就业竞争压力日趋增大的时候，创业是实现自我理想的最可靠、最切实的途径，也是有志青年自主人生的第一需要。

（4）**树立人生旗帜的自立信念**。21世纪的青年人应该早立、快立志向，自谋职业，勤劳致富，建立起自己的事业。自立就是凭借自己的头脑和双手，凭借自己的智慧和才能，凭借自己的努力和奋斗，建立起自己生活和事业的基础。

现代中职生创业头脑风暴

青岛旅游学校毕业生张艳刚毕业便被某大酒店聘用，担任令人羡慕的文秘工作。但她心中却萌生了要当一名现代经营者的志向，因为她坚信职专生也能创大业。于是，她很快便放弃了令人啧啧称美的职位。经过一番市场调查，又经过两年的筹备，她筹措资金20万元，开办了以自己英文名字"ALICE"命名的酒店。从此，张艳的生活发生了质的飞跃，由一名打工者变成了老板。没钱做广告，她就充分利用自己的外语优势，到外国人多的地方发名片。并且在经营中以自尊自立的中国现代女性形象赢得众多外国顾客的赞扬，开业不到一年，她便还清了全部借款，成了一名真正意义上的私营企业主。

从张艳创业成功的案例，我们可以看出：正是张艳具有独立性和自信心，立志打破传统意义上的择业观，她才努力去创造机会。在创业过程中，她通过市场分析决定自己的经营方向，确定经营理念，敢于承担压力，敢于冒风险，运用自己较高的英语水平和人际交往技巧，终于闯出一条成功之路。而这些能力，正是一个现代人要成功地从事创业活动必须具备的能力。

二、创业者的综合素质

一般来说,创业是一个人各种能力的综合体现,它需要几个方面的素质进行支撑。时代呼唤创业者,环境造就创业者。但是面临飞速发展的时代和纷繁复杂的环境,创业者的素质具有时代的特色。具体地说,创业者要有知识水平和管理素质、学习和反思素质、决断素质、心理素质。

1. 建立复合型知识结构

作为新创企业的管理者,创业者既要懂得管理学的知识又要了解相应行业的科学技术知识,既要懂市场又要懂法律,还要了解人文和历史。在知识经济时代的创业者需要复合型的知识结构,包括两方面的内容:一是指知识的广博性;二是指知识的专业性。创业者以其知识广博,能够吸收和借鉴任何时期任何群体的经验和成果,以培养敏锐的目光和思维,在多种知识的综合上找到新的创业点,在多种机会的把握上获得优势。另外,为免通而不专,流于纸上谈兵,创业者还需要一些专才。"专"的第一项是专业知识,没有专业知识就不可能正确把握创业机遇与方案,做出正确决策;"专"的第二项是管理知识,创业者的重要职责是把握创业方向、制定创业决策和对创业团队的组织协调,管理知识既是团队管理所必需,也是战略决策的基础。

(1)经营管理知识。在市场经济条件下,市场充满了竞争和风险,创业者要使自己的创业实践活动获得成功,就必须重视经营管理。在创业的过程中,许多具有良好产品的企业由于经营管理不善而导致失败的教训很多,所以创业者一定要高度重视对企业的管理。经营管理知识大致包括:人员的管理、经营目标的管理、经营过程的管理等。

(2)专业知识。专业知识是创业之本。专业知识对于创业者确定创业目标具有直接的、至关重要的作用。纵观近几年在高科技领域创业取得成功的创业者,无一不具有深厚的专业知识。

(3)财务管理知识。企业财务管理的基本任务和方法是做好各项财务收支的计划、组织、控制、核算、分析和考核工作,依法合理筹集资金,有效利用企业各项资产,实现企业生产经营目标,提高经济效益。财务管理知识内容包括:财务决策评价、资金筹集、流动资产、固定资产、无形资产和递延资产的管理、对外投资、成本核算、损益分析等。

(4)金融知识。创业,需要资金的支持。因此,要学习金融知识,了解融资的渠道、融资的方法、融资的注意事项等,保证创业成功。

第五章　中职生创业素养和创业能力

（5）**税收知识**。税收是国家为实现其职能，依照法律规定的标准强制地、无偿地征收货币和实物的经济行政活动，是国家参与社会产品和国民收入分配和再分配的一种主要手段。同学们在创业中要学习税收知识，依法纳税。

（6）**法律知识**。创业者要学习工商注册登记的申请登记手续、工商登记的条件、工商登记的内容等知识，以及经济合同法、涉外经济合同法等有关经济合同订立、主要条款等方面的知识，合法经营，避免因合同订立的缺陷而蒙受经济损失。

2. 全面提升综合素质

要创业，光有热情和一定知识还不够。创业过程是艰辛的，而且充满了风险，作为一名涉世未深的学生要征服这一切，实现成功创业，必须具有良好的综合素质。

（1）**科学的经营头脑**。科学的经营头脑应该包括敏锐的商业意识和良好的经济意识两个方面。

❶ 良好的经济意识	经济意识是指人们根据经济运行趋势和经济活动的规律、特点，对自己所拥有的经济资源进行投入，以期获得更大成果，并对自己的经济行为能否创造有益效果所做出的分析、判断和决策的一种抽象思维能力。
❷ 敏锐的商业意识	商业意识是人们在经营实践中，在获取信息的基础上，把握市场趋向的一种思维活动方式。商业意识的形成及培养，对创业者捕捉商机有着至关重要的作用，是创业者创业的必备条件之一。市场中充满了商机，关键是你是否有一双善于捕捉商机的慧眼。那么如何才能培养商业意识呢？

主要可以从以下几个方面进行：

◆ 拓宽知识面，特别要加强企业管理和市场营销方面知识的学习。
◆ 要多研究市场。只有搞清楚市场运行的基本规律，才能在经营中有创意和创新，经营活动才能游刃有余。同学们在读书期间可以利用假期去从事推销活动；有志于创业的学生要做一个"有心人"。只有专心，把注意力集中到所追求的方向上，商业意识的形成才会更快。
◆ 要善于收集和利用信息。重要的商业信息是经营者决策的重要依据，它隐含了大量的商业机遇，是经营者取胜的重要"武器"。
◆ 要积极、主动地去寻找和创造商业机会，"守株待兔"只能坐失良机。

（2）基本的管理素质。 随着知识经济的发展，信息量和知识量以前所未有的速度增长，这使人们成为通才的梦想化为泡影。市场的日益动态化、复杂化使得管理更加需要人性化和个性化。创业者需要具备一定管理素质，管理素质是使团队进行有效工作的保障。

管理素质一般来说，既包括日常管理的素质，又包括对一些情况的分析和决策。这里仅谈日常管理的素质。日常管理素质主要包括以下能力：

❶ 应变能力	创业的环境是动态变化的环境，创业过程中的策略和措施必须根据具体环境的变化做出调整。应变能力是对客观环境的敏感反应能力，是处事不惊、沉着应对的把握能力。创业者要善于观察形势，能够认识和把握客观环境中变与不变的东西，抓住矛盾的主要方面，把握事物的主流。创业者只有按照事物的主流把握和调整战略方向，针对具体的变化形式提出应对措施，才能在变化的环境中趋利避害，化被动为主动，最终赢得胜利。
❷ 交际能力	所谓交际能力主要包括表达能力和反应能力。作为管理者，对客户进行充分有效的表达能够使客户充分理解企业的产品情况和企业文化，有利于推销自己；对本团队进行充分有效的表达能够使团队成员领悟企业的目标、面临的环境以及所要采取的对策，能够使团队成员更加有效地为完成共同的目标而努力。表达能力是充分、有效地将自己的观点阐释给对方的能力。而反应能力是交际能力的另一个方面，是表达能力的补充。在交际过程中，良好的反应能力能够帮助表达者随时领会和把握表达对象的需求和其对表达内容的理解，有效调整表达的方式和内容。
❸ 判断能力	面对复杂多变的环境，如果没有判断力就不可能形成认识。判断能力首先是把握事物发展主流所必需的能力。判断是管理和决策的基础。另外，在创业过程中，收益和风险总是并存的，不同的决策者对风险有不同的偏好。但是不论创业者对风险是什么态度，都需要对收益和风险做出判断，没有判断的风险运作是盲目的，是注定要失败的。判断能力又是风险运作的基础。
❹ 协调能力	良好的协调能力有利于信息的沟通，对于加强相互理解和利益共享有着切实的好处。协调能力能够化解创业团队与竞争者之间，创业团队与客户之间的矛盾，能够使创业团队获得良好的形象，能够提高可信程度，为合作打好基础。协调能力还可以融洽相关主体间的感情，增加合作的愿望和机会。协调能力体现在团队内部就是如何促使团队能够积极、高效地开展工作。总之，协调能力一方面能够使团队成员之间关系融洽、化解矛盾、相互支持；另一方面使得整个团队的工作有序，配合协调，工作效率达到最高。

第五章　中职生创业素养和创业能力

❺ 亲和力	一个人的亲和力一方面来自于其观点、主张和处事原则，使人们感觉到他可以信任和依赖；另一方面来自于其行事作风和气质风范，能够给人一种莫名的亲切感。亲和力是一种个人魅力，富有亲和力的创业者可以更好地团结同事和朋友，为交际、协调等带来方便。

（3）**敏锐地捕捉信息的能力**。在20世纪90年代初期，海南省的房地产业经历了大起大落，许多创业者在那场商战中沉浮，有的一夜暴富，也有的因此一蹶不振，背上了沉重的债务。其实那些能够获得利益的商人，大都是一只眼睛盯着市场，一只眼睛盯着政府的人。任何一个政府都有责任对市场进行调节甚至干预，政府要确定投资方向，鼓励发展某些行业，抑制某些行业发展。当投资过热，物价上涨幅度过大时，政府将采取措施使经济降温；反之，又要使经济升温。

因此，创业者在经济大潮中拼搏，必须善于捕捉政策信息，把政策信息转化为商机，并做出正确的经营决策。

创业者要关注政府行为，根据政府的有关产业政策、发展战略来确定投资方向。如当前的政策热点有发展西部、振兴东北战略、农业产业化战略、发展高新技术、发展环保产业、教育产业化等。其次要了解政府的政策，就必须关心政治，了解时事，并要学习一些政治经济学知识。从政策信息中捕捉商机，说起来容易，做起来很难。同学们在创业中要达到能辨别真假信息的程度，就必须积累社会经验，培养感悟能力和洞察能力。

（4）**良好的心理素质**。许多创业者成功的经验和失败的教训证明，良好的心理素质是创业成功的关键，包括以下几点：

❶ **自信心**

自信是创业成功的基石。美国著名心理学家马斯洛认为："事实上，绝大多数人一定有可能比现实中的自己更伟大一些，只是缺乏一点自信。"

在创业过程中，每一项投资都要冒失败的风险，每一笔生意都可能会遇到麻烦，还充满了大大小小的困难。在市场经济大潮中的沉浮对创业者是一个严峻的考验，一个没有充分自信心的人是难以创立伟大事业的。

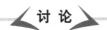

讨论

有人说，在职场中有时情商比智商更重要，对吗？

有志于创业的学生，一定要注意培养自信心。自信来源于对自己真实的肯定，自信来源于成功的经验。戴尔·卡耐基认为，发展自信心的方法就是做你所怕做的事，从而得到一个成功经验的记录。

❷ 坚强的意志，坚定的恒心

"古之成大事者，不唯有超世之才，亦必有坚韧不拔之志"。在创业过程中，困难、挫折甚至失败都是在所难免的。能否从挫折和失败中重新站起来，是创业者能否取得事业成功的一个重要因素。同学们如果具有坚强的意志，在整个创业过程中就能调节自己的行动和精神状态，克服困难，战胜挫折，取得事业成功。

要想创立大的事业，恒心也是非常重要的。有的人浅尝辄止，有的人小富即安，有的人主意多变，这些都是缺乏恒心和毅力的表现。学生创业要有坚强的意志和坚定的恒心，成功意味着长年累月的艰苦劳动。

❸ 善于调控情绪，保持乐观心态

在开始创办自己的企业的时候，要面对许多困难，例如，项目的选择、市场的开发、资金的周转以及暂时的失败等。面对如此多的问题，就要求创业者善于调控自己的情绪，保持乐观的心态，能够在紧迫的环境压力下泰然自若，举重若轻。学会调控情绪是做好工作的一个重要条件。

❹ 善于沟通，善于与人合作

在创业过程中，必须要和各种人打交道，要干成一番事业，必须团结众人的力量。沟通能力常常直接影响一个人的管理能力、协调能力和组织能力，沟通能力也直接影响一个人与别人合作的能力。由于沟通与合作做得好而带来创业成功的实例有很多。

❺ 理性思考，克服盲目冲动

市场是有情的，也是无情的。面对市场，创业者要理智，各种经营活动都必须在理性的思考之后才能采取行动，切忌盲目冲动。

有一句话说得好，"小心驶得万里船"。如远大中央空调有限公司的掌门人张氏兄弟在管理上非常慎重，他们坚持不进行资本运营，因为他们清醒地意识到那不是他们的特长。他们经常保障在银行有5亿~6亿元的存款储备，而不随便投资。可见，创业者要保持事业之树常青，就一定要谨慎从事，克服盲目冲动的思维方式。

卡耐基的故事

戴尔·卡耐基的事业刚刚起步时，在密苏里州举办了一个成年人教育班，并

第五章　中职生创业素养和创业能力

且陆续在各大城市开设了分部。他在广告宣传上花了很多钱，同时房租、日常办公等开支也很大，尽管收入不少，但由于财务管理上的欠缺，他的收入刚够支出，一连数月的辛苦劳动竟然没有任何回报。卡耐基因此很是苦恼，不断地抱怨自己。在这段时间里，他整天闷闷不乐，精神恍惚，无法将刚开始的事业继续下去。最后，卡耐基决定去找中学时的生理老师乔治。

"不要为打翻的牛奶而哭泣！"乔治老师对卡耐基说。

老师的一句话如同醍醐灌顶，卡耐基的苦恼顿时消失了，精神也随之振作起来。

真的，牛奶被打翻了，流光了，怎么办？是看着被打翻的牛奶哭泣，还是去做点别的。记住，牛奶被打翻已成现实，不可能重新装回瓶中，我们唯一能做的就是找出教训，然后忘掉这些不愉快。

卡耐基最终成功了，他的成功在很大程度上得益于他良好的心理素质。

（5）鲜明的个性。市场经济是一种个性化的经济。谁能设计和生产出适应市场需求的、具有个性的产品，谁就能获得高额利润。没有个性，就没有创造性。没有个性的创业者很难创造出有前景的事业。最重要的个性品质包括：独立性、求异性、进攻性、好胜性和坚韧性等方面。

❶ 独立性

人天生具有独立性和依赖性。人之初，依赖父母的呵护，随着年龄的增长，这种依赖程度逐渐减弱，但许多人在心理上仍存在着较强的依赖性，这是一种心理上没有"断奶"的人。但是创业者必须培养强大的独立性，摆脱依赖性，要养成独立思考的习惯，不盲目听从别人（包括权威人士）的建议，要综合考虑自己所处的环境条件，做出独立的判断。

❷ 求异性

消费者普遍都有一种喜新厌旧的心理，所以创业者如何使自己的产品和服务具有新颖的特征，往往是创业成功的一个秘诀。求异的个性，其实就是一种创造的个性，只有具有较强创造能力的人，才能具有强烈的求异性思维。产品和服务要创新，公司的管理也要创新。

同学们在学习过程中，要注意培养求异的个性，避免形成思维定式，要善于打破常规思考问题。在创业过程中，可运用"头脑风暴法"来激发员工尽量放开思路，想出新点子。

❸ 进攻性

　　商场如战场。在战场上只有那些具有进攻性、勇往直前的人才能取得胜利。心理学研究表明，人的内心是很脆弱的，根据人们内心脆弱性的不同反应，可以将人分为两类：一类是鸵鸟型，一类是豹子型。所谓鸵鸟型的人，在面对危险时，第一反应就是逃避，就像鸵鸟一样，它遇到危险时，会把头藏在沙子里或其他地方，它以为只要看不见敌人，自身就安全了。所谓豹子型的人，他们在面对危险时心中也很畏惧，但他们不选择逃避，因为他们知道一味逃避，永远不能占据主动地位。创业者在创业时，要面对许多强大的竞争对手，一定不要被对方貌似强大的实力所吓倒，而要像豹子一样直面对待，分析对手的弱点，找到战胜对手的方法。进攻性的本质是勇敢和进取精神。同学们在成长过程中，应该注意培养勇敢的心理品质。

❹ 好胜性

　　拿破仑说过，"不想当元帅的士兵不是好士兵"。人天生都渴望得到别人的承认与尊重。从本质上说，人都是好胜的，但是，不同的人好胜的强弱不同。好胜性是指一个人对自己有充分的信心，积极与别人竞争，并追求成功的喜悦。好胜性是创业者追求成功的力量源泉。但是好胜性不等于逞强逞能、自以为是、自吹自擂，好胜性更不是以自己的成功去攻击别人、嘲笑别人。一个具有强烈好胜性的人同样应该具有宽广的胸怀，要能欣赏别人的才华和成功，而不是心生嫉妒。

❺ 坚韧性

　　坚韧性不是天生就有的，而是在实践中磨炼出来的，同学们在学习成长过程中，要接受"挫折教育"，锤炼自己坚韧的品格。

　　（6）**要有能够形成决断的素质**。决断是把握机会的重要行为。成功的决断能够推进企业的发展，错误的决策可能导致惨重的失败，而发展的机遇又稍纵即逝。所以说，创业者的决断素质是非常重要的。实施创业的第一步就是找准方向、严密论证，进而做出战略决策。创业环境当中，政治的、经济的、文化的各种要素相互联系、错综复杂，任何方案都不是完备的和确定的，这就需要创业者具有全局性的战略眼光和决断素质。古人云："不谋全局者，不足谋一域；不谋万世者，不足谋一时。"在今天这样一个新生事物层出不穷的时代，只有能够正确认识社会发展规律，敏锐分析市场发展变化，准确把握国家的政策法规，分析主次矛盾，评估效益与风险，才能够正确地评判创业机会和制定创业方案，最后做出正确的决策才是最重要的。

第五章　中职生创业素养和创业能力

（7）**良好的文化素质**。一个人的文化素质一般集中体现在思想道德、专业知识、人文知识和思维方式上。

> ❶ 思想道德素质是创业者文化素质中最主要的方面，是青年人创业成功的必备条件。
>
> 　　只有那些能为顾客带来更多的便利、创造更多价值的商家，才能在商场上立于不败之地。创业者在决定创办商业机构时，在公司的经营运作过程中，不能只考虑如何赚钱，还要考虑自己的事业是否能给广大群众带来更多的幸福。创业者只有在实现社会价值的过程中才能实现自身价值。
>
> ❷ 专业知识对于创业者来说也是十分重要的。
>
> 　　利用专业知识创业，有利于形成自己企业的核心竞争力，有利于在竞争中处于主动地位。
>
> ❸ 人文知识对一个人的综合素质有较大影响。
>
> 　　创业中的人文知识主要是指关于理想人性和如何实现理想人性的知识，即如何做人的知识。商场上有一句格言：商道即人道。有志于创业的学生在自我塑造过程中，要努力学习人文知识，学会做人。
>
> ❹ 思维方式是文化素质的最终表现方式。
>
> 　　作为一个创业者，要勇于打破自己的思维定式，因为有时候并不是没有机会存在，而是由于我们存在思维定式，对一些宝贵的机遇视而不见，因而错过了许多时机。

（8）**良好的心理素质**。心理素质是意志品质方面的东西，也就是所谓的"情商"，它是人们面对不可知的环境和前途时表现出的一种信念和态度。创业心理素质是指在创业实践过程中对人的心理和行为起调节作用的个性特征。因为创业的复杂性和不确定性，心理素质在创业的过程中占有举足轻重的地位。对创业来说，良好的创业心理品质有助于一个人充分地发挥其创业能力，从而取得创业的成功。据我国创业教育理论研究的最新成果，一般认为对创业活动具有显著影响的创业心理品质主要有以下几种：

> ❶ 敢为性与克制性
>
> 　　对于从事创业活动的人来说，假如没有第一个吃螃蟹的冒险精神，那是什么也干不成的。敢为性是指有果断的魄力，敢于行动、敢冒风险并敢于承担行为后果的心理品质。创业需要敢作敢为，但是敢作敢为并不是盲目冲动，更不是任意妄为或胡作非为。敢作敢为是建立在对主客观条件进行科学分析的基础上的，是建立在实事求是的基础上的。

克制性是能自觉地调节和控制自己的情绪和感情、约束自己的行为、克服冲动的心理品质。敢为性与克制性是又一组相反相成的心理品质，在创业活动中交互作用，相互制约，起着重要的调节作用。在创业的过程中要善于克制，防止冲动，积极有效地控制和调节情感和情绪，使自己的活动始终在正确的轨道上运行，不至于因一时的冲动而做出缺乏理智的行为。当个人利益与法律和社会公德相冲突时，应当能克制个人欲望，约束自己的行为。

❷ 坚韧性与适应性

创业过程不可能一帆风顺，没有克服困难、战胜逆境的艰苦奋斗，就不可能有创业的成功。在这里，迎着困难和逆境而上的决心和韧劲是取得成功的关键。同时，创业过程是一个长期坚持努力奋斗的过程，立竿见影、迅速见效的事情是极少的。创业者在方向目标确定之后，就应朝着既定的目标一步一步走下去，纵有千难万险，也不轻易改变初衷、半途而废。这就是创业的坚韧性。坚韧性是指为达到某一目的，坚持不懈、不屈不挠并能够承担挫折和失败的心理品质。

适应性是指能及时适应外界环境和条件的变化，灵活地进行自我调整、自我转换的心理品质。它们相互影响，交互作用，在创业实践活动中发挥重要的调节作用。创业活动是在一定的社会环境中进行的，而社会环境总是在不断发展变化。因此，无论是何种行业的创业者，都必须以极强的信息意识和对市场走向敏锐的洞察力，瞅准行情，抓住机遇、不失时机、灵活地进行调整。练就"淡水里能游，咸水里能泡，沙漠里也能洗澡"的适应能力，在外部环境和创业条件千变万化时，以变应变，适应环境。

坚韧性和适应性是两种相辅相成的心理品质。

❸ 独立性与合作性

所谓独立性是指思维和行为很少受外界和他人的影响，能够独立思考、判断、选择行动的心理品质。而合作性是指能设身处地为他人着想，善于理解对方、体谅对方，善于合作共事的心理品质。它们相互作用、相互制约，在创业实践活动中发挥重要的调节作用。独立性与合作性是相反相成的两种心理品质。

独立并不等于孤独，更不是孤僻。创业活动是个体的实践活动，但更是一种社会性的活动。独立性是创业者最基本的个性品质。就是说创业者不靠别人的供养，独立思考，自主行动，依靠自己的劳动和智慧，走上自立、创业的道路。但是这种活动，是在人与人之间交往、配合和协调中发生、发展并取得成功的。

讨 论

独立性和合作性的相互关系是一个动态的，你认为该怎样把握？

第五章　中职生创业素养和创业能力

> 我们十分强调创业者的社会交往能力，它的潜质就在于个性的合作性。成功的创业者大多是出色的社会活动家，他们善于与各种人打交道，积极主动地与人交往、交流、合作、互助。通过交流，获取各方面的信息；通过合作，取人之长，补己之短。每一个创业者都富有自己的个性特点，他们既不依赖他人，不听命于他人的安排，又能与他人密切配合，这就是独立性与合作性在个体身上的统一。

（9）**要有不断学习和反思的素质**。创业者必须树立活到老学到老，终身学习的概念，不断学习、终身学习，以获得创业的成功。在知识经济时代，专业知识增长迅猛，管理知识日新月异，不学习只能被淘汰。只有具备在学习过程中掌握获取新知识、拓展新领域的能力，才能以最快的速度适应新的技术和环境。随着新知识的增加和新经验的积累，在拥有这些宝贵财富的基础上，创业者还应善于反思和总结，进行理论上的升华，将知识和经验积累转变成自己真正的水平和能力。单纯量的知识积累只是提高的第一步，但不能形成强劲的思维动力。

（10）**良好的身体素质**。创业是一件繁重、复杂的事情，有志于创业的同学对此要有充分的估计。由于创业者是老板，需要统筹一切，因而总是非常忙，这可能会导致体力透支、过度疲劳。在精神方面，创业者既要应付公司内部的人际关系纠纷，又要和公司外部的各层管理者如工商、税务等打交道，还要忍受来自各方面的挖苦、抱怨、冷嘲热讽，更要承担失败的风险和各种决策的压力，创业者普遍感到精神压力很大，因此提高良好的身体素质非常重要。那么怎样才能拥有良好的身体素质？

- ◆ 应从体力上入手，保持充沛的精力和健康的身体。无论事业多么繁忙，每天必须保证做三件事：一是吃饭，二是保证睡眠，三是锻炼身体。许多著名企业家既能创立大的事业，又能保持身心健康，与他们日常起居有规律，并注意锻炼是密不可分的。比如香港巨富霍英东先生，他每天坚持打一个小时的太极拳，再游一个小时的泳。
- ◆ 不光要修身，而且要修心。第一，要树立正确的创业观，即创业只是自己生命中的一件事，并不是自己生命的全部。因此，要以一种平和的心态对待创业，不要将创业看得高于一切，创业只是排在健康、家庭之后的一件重要的事而已。即使失败了，也可以从头再来。第二，要培养自己遇事冷静、不慌不忙的习惯，修炼出一种无论在任何情况下，都要选择用最佳的方法去做事的心态，即要培养乐观自信的心态、宽广坦荡的胸怀。

三、常见创业者的心理、行为障碍及排除

1. 心理障碍

创业中常见的心理障碍主要有人格障碍和情绪障碍。

（1）**人格障碍及克服方法**。人格障碍主要来自于依赖性、畏缩和自卑感。依赖性人格来自我国特有的传统观念、传统习俗和传统教育体制。依赖性是形成独立性心理品质的障碍。21世纪人们的生活方式已发生巨大变化，必须排除依赖性心理，提倡青年学生走自主创业之路。畏缩人格

来自于胆小怕事，害怕尝试，惧怕失败，青年学生必须努力克服懦弱的畏缩心理，积极投入社会变革中去，自主创业。自卑人格主要是不能正确客观地评价和对待自己，过分低估自己、怀疑自己的能力。

自卑的人容易对前途失去信心，这是创业者的巨大障碍，因此，必须正确评价自己，发现自己的优势和特长，树立自信，克服自卑，走自我创新之路。

（2）**情绪障碍及克服方法**。情绪障碍往往表现为郁郁寡欢的病态心理，情绪低落，终日忧愁，精神不振，体力衰退，未老先衰。忧郁是一种情绪障碍的体现，来源于性格内向、个人身世和社会经历的不幸，或在生活上、学习上、工作上遇到麻烦。这是一种可怕的情绪障碍，尤其是对于创业者，在创业中难免遇到挫折，遇到挫折就灰心丧气、悲观失望、消极等待，只能摧残自己的意志，阻抑自己的活动，削弱自己的能力，损害自己的身心健康。对于创业而言，忧郁和过度焦虑等情绪都会阻碍创业活动的顺利进行，因此，在创业过程中要努力排除情绪障碍。

要想排除情绪障碍，首先要保持性格上的乐观态度，多与知心朋友交谈，听取别人的建议，多参加一些有益的社会活动；让自己心目中时刻充满着光明和希望，走出个人小圈子，经常想到再大的困难总有办法解决。要经常与四周的环境保持良好接触，敢于与不熟悉的人和事打交道。有助于尽快从焦虑情境中解脱出来。

2. 行为障碍

创业者常见的行为障碍主要表现为面对挫折时的行为障碍和急于求成的行为障碍两个方面。

（1）**挫折型**。挫折障碍影响创业的进程，动摇创业的决心，关系到创业的成功。挫折行为障碍来自于创业过程中某些细节上的差错或遇到意外情况导致进程放慢，甚至失

第五章 中职生创业素养和创业能力

败。因此，在创业过程中要尽量减少人为挫折，一旦遇到挫折必须排除。排除挫折障碍主要注意两点：

❶ 要保持冷静	冷静地分析原因，是属于人为挫折还是属于客观条件所引发的挫折，是属于技术原因还是属于原材料原因。要认真总结经验，吸取教训。
❷ 要振作精神	创业不可能一帆风顺，总会遇到这样那样的问题，出现问题也不必埋怨，更不能暴跳如雷、指责别人，应该积极想办法、找对策，重整旗鼓，继续再干。

（2）**急于求成型**。急于求成往往是个人过分看重行动结果与切身利益的直接关系，而忽视行动过程以及间接要素的作用。急于求成主要表现为在创业活动中违背事物发展的客观规律而急躁行动。实际上，行动过程中的体验或经验教训，往往比行动结果更有价值。在创业活动中必须克服急于求成的行为障碍。克服行为障碍也需要做到两点：

❶ 要正确对待事物发展的客观规律	弄清某一创业项目的发展过程，与之相联系的诸要素的相互关系，制订出实施计划，并按计划一步一步地实施。
❷ 要学会控制和坚持	要增强自制力和毅力，严格控制急躁情绪，时刻提醒自己把某项事业干到底，干出成效。

苹果计算机公司的成功创业

1975 年以前，美国还没有个人计算机，乔布斯和沃滋当时还是中学生，他们是在一家车库里结识的。他们都是计算机迷，可是又买不起计算机，于是决定自己动手装。他们装了一些称为"苹果-Ⅰ"的计算机板，到当地的计算机商店去兜售。可是商店老板告诉他们社会上大部分人想买整机，而不是散件，于是乔布斯和沃滋决定设计、生产完整的微型计算机，但是他们没有资金。这时，在计算机商店老板的帮助下，一位 38 岁的名叫马克库拉的风险企业家来到了他们的车库，仔细询问并实地考察了"苹果"的样机，最后问起了关于"苹果"计算机的商业计划，但乔布斯和沃滋对商业一窍不通。马克库拉告诉他们，一个详细的计划是吸引风险资本所必需的，于是给他们俩上了两星期的管理课。他们三个人日夜工作，制订了一个"苹果"计算机的研制生产计划。马克库拉首先将自己的9.1万美元先期投入，又帮助乔布斯和沃滋从银行取得了25万美元贷款。接着，他们三个人又带着计划去马克库拉熟识的风险投资家那里去游说，吸引了另外60万美元的资金，他们聘请了33岁的迈克尔·斯科特当经理，因为他熟悉集成电路的生产技术。马克库拉和乔布斯任正、副董事长，沃滋任研究发展部经理，苹果微型计算机公司就这样正式开张了，并很快走上了飞速发展的道路。

可见，苹果公司的几个创始人之所以能够成功创业，完全得益于他们良好的合作与沟通。否则，他们是不可能创立并发展苹果公司的。

知识点 2 创新精神和创新能力

一、创新的概述

1. 创新的概念

所谓创新，就是新知与新行的统一：新知即创新性思维，想前人所未想，想他人所不敢想的事；新行即进行创新实践活动，做前人所未做，做他人所不敢做的事。创新就是创造新事物。凡是对人类社会发展有益的，能推动人类社会进步，前所未有的事物就叫"新事物"，"新事物"包括新产品、新技术、新思想、新方法、新模式、新机制、新体制等。

通常所讲的创新是指科技创新、制度创新和意识创新。这三大创新活动分别属于生产力范畴，生产关系范畴，上层建筑范畴。它们的共同作用是推动生产力发展，实现经济繁荣和社会进步。按照创新的内涵，可以构建创新体系框架，如图5-1所示。

第五章　中职生创业素养和创业能力

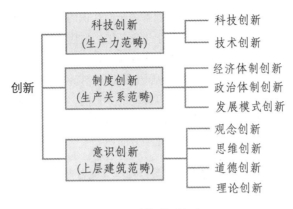

图 5-1　创新体系框架

2. 创新的特点

一般来说，创新具有以下几个特点：

（1）**普遍性和社会性**。创新存在于人类活动的一切领域中，人类要生存，要发展，必须不断地改造主观世界和客观世界，改造的过程就是创新的过程，具有普遍性。创新是社会需要的创新，创新离不开社会发展的需要，它起源于社会发展的需要，它的归宿是为社会发展服务，推动社会进步。它的社会性比较明显。

（2）**超前性和新颖性**。创新就是超出平常的一种首创，它是超前于社会的认识，处于思想和行动的最前沿。它的超前性决定了它的新颖性。创新所包含的新构思、新形式和新内容，都是前所未有，与众不同，即创造出新、奇、特的事物。

（3）**实践性和艰巨性**。实践之树常青，创新产生并依赖于实践，人们要在实践中不断地发现问题，萌发创新意识，创新成果最终也要回到实践中接受检验。创新是一种复杂的劳动，需要付出一定的代价，不经历风雨如何见彩虹。创新需要敢为天下先的勇气，在失败和成功的道路上不断前进。

二、创新能力及其培养

1. 创新能力的内涵

（1）什么是创新能力。

创新能力 就是人们产生新认识、新思想和创造新事物的能力。创新能力涉及一个人的多种能力，如认识能力、观察能力、记忆能力、判断能力、分析能力、想象能力、实验能力、自学能力、吸收知识能力、信息能力等，是一个人综合能力的具体体现。作为一个教育工作者，在研究如何培养学生的创新能力之前，首先应对创新能力的内涵有一个基本的认识与了解，这样才保证我们在准确理解与全面认识的基础上相应做好对学生创新能力的培养与教育工作。因此，我们在培养学生创新能力时应注意对组成创新能力的各种相关能力的全面培养，这样才能全面提高学生的创新能力。

（2）中职生创新能力不足的原因。中职生是具有创新潜能的，只要对他们采取适当的方式方法，他们的创新能力是可以大幅度提高的。目前，我国中职生特别是一般职业学校的中职生，创新能力还是较低的。如不进行创新教育，中职生的创新潜能很可能萎缩甚至消失。其创新能力不足主要表现在以下几个方面：

❶ 缺乏创新的兴趣	现在中职生的兴趣往往随着时间、环境、心情经常变化，缺乏深度和广度。
❷ 缺乏创新观念和创新欲望	许多中职生虽然不满足于现状，但往往只是牢骚满腹，唉声叹气，自己缺乏行动的信心。
❸ 缺乏创新的毅力	虽然有些中职生也能认识到毅力在创新活动中的重要性，但在实际工作过程中往往虎头蛇尾，见异思迁，放弃追求。
❹ 缺乏创新所需的观察力	在观察的速度和广度、观察的整体性和概括性、观察的敏锐性和深刻性、观察的计划性和灵活性等方面，中职生普遍存在着不足。
❺ 缺乏创新性思维能力	有些中职生也想创新，但不知道如何去创新，他们在直觉思维能力、逻辑思维能力、联想思维能力、发散思维能力、逆向思维能力等方面都还比较稚嫩，需要加强培养和锻炼。

2. 创新能力的培养

关于中职生创新能力的培养需要做好以下几个方面的工作：

（1）要培养创新型教师。课堂教学的主导者是教师，他们教育思想的更新和教育观念的转变是至关重要的。在现代化的课堂教学中，教师要从知识的传授者变为学生学习的指导者和科技创新活动的导演，学生要由被动的接受者转为学习的主体。这就要求教师爱岗敬业，对本学科的前沿理论和与本专业相关的交叉学科的最新理论有强烈的求知欲望，并善于将最新的教育科研成果运用到教学当中。要尊重学生的个性，承认学生兴趣和性格的多样化，在此基础上，开展创造性教学活动，营造民主、宽松的创新氛围，激发学生独立思考，对学生的评价要以促进和激励学生创新能力的发展为主导。因此，职业学校要全面培养高层次创新型人才，当务之急是要培养大批具有创新意识和创新能力的教师。

第五章　中职生创业素养和创业能力

（2）**转变教育观念**。随着知识经济时代的到来，社会主义市场经济的日臻完善，社会竞争日趋激烈，科学技术日新月异，社会对未来人才的素质要求必将越来越高。伴随着未来社会对人才素质的需求变化，科技创新能力已经成为衡量人才标准的一个极为重要的方面。在思想认识上，我们要充分认识到，未来社会对人才素质的更高要求，使加强中职生科技及创新能力的培养成为时代教育的必然特征。职业院校作为培养高素质创造性人才的基地，时代就必然赋予其新的要求和使命，不仅要传授中职生科学文化知识，而且要全面培养中职生的科技意识和创新能力。职业院校应站在迎接新世纪知识经济的高度，着眼并着手于培养高层次的有创新能力的大学生，转变教育思想中不利于创新人才培养的价值观、质量观、人才观，牢固树立创新教育、素质教育、终身教育、开放教育和个性教育的新型教育观念。

> 讨论
>
> 对老师来说，培养学生的创新能力能否"满堂灌"？

（3）**改革教育方式**。要把过去以"授业"为主的教学方式转变为启发受教育者对知识的主动追求。积极实行启发式和讨论式教学，激发学生独立思考和创新的意识，切实提高教学质量。让学生感受、理解知识产生和发展的过程，培养学生的科学精神和创新思维习惯。这是做好学生创新能力的培养工作，必须采取的切实有效措施，要把培养增强学生的创新意识放在首位。积极创造条件，让学生积极参与教学过程，以使学生从被动学习转变为主动学习。要充分调动学生学习的自觉性，使其思维活跃、敏捷，善于动脑筋，能够解决各种问题。在教学方式上，根据可接受原则，选择适合中职生的教材，着重培养学生获取、运用、创造知识的意识和能力。教师应该发掘每一个学生的潜力，培养学生的创新意识，激发学生的创造积极性。课堂教学主渠道作用的发挥，还有赖于课程的改革。职业院校要根据创新人才的需要和学生创新思维与技能提高的需求，开设一系列专门课程。无论是创造技法、智力与创新能力的训练，还是科学研究方法论，都会对学生科学精神和创新意识的培养起到重要的作用。

（4）**改变学习方式**。由于知识和技术发展的速度越来越快，知识更新的周期在不断缩短，因此，除了学校教育之外，人们的学习将越来越多地渗透到个人的工作和社会活动之中，从而使学习贯穿于整个人生过程和整个社会活动之中，即"生活即学习"。

学会学习是个体获得自由发展的手段，职业教育应重视奠定人的终身学习所必需的知识和能力的基础。学校必须引导学生掌握正确、科学的学习方法，尤其是适应他们自身特点的自学方法及自己获取知识的能力。要学会用已知的知识获取未知的知识，要逐步学会用所学的知识创造性地解决实际问题，并要养成创新的习惯。

（5）**尊重学生的首创精神**。学生在参加活动的过程中，由于知识和能力的局限性，难免出现幼稚之举甚至可笑之处，这是完全正常的。在培养学生创新能力的过程中，应充分尊重学生的首创精神。因此，必须营造宽松的学术研讨氛围，尊重并鼓励学生的创新意识和创新精神，使学生在良好的学术氛围中，互相学习，大胆交流，共同提高。

（6）**构建合理的课程体系**。创新能力来源于宽厚的基础知识和良好的素质，仅仅掌握单一的专业知识是很难做到的。在培养目标的选择定位上，应充分结合学生所学的专业特点，才能为学生科技及创新能力的培养工作奠定良好的基础。因此，加强学生基础教育的内涵更新和外延拓展及构建合理的课程体系非常重要。

- 首先要优化课程结构。要按照"少而精"的原则设置必修课，确保学生具备较为扎实的基础知识。还要提高学生获得信息的手段，使学生有机会接触各学科发展前沿，了解科技发展的趋势，掌握未来变化的规律。还需开设创造学等课程，培养学生的创新意识。
- 要增加选修课比重。允许学生跨校、跨系、跨学科选修课程，使学生依托一个专业，着眼于综合性较强的跨学科训练。这不仅可以优化学生的知识结构，为在某个专业深造做好准备，同时有利于发展学生的特殊兴趣，使之能学有所长，以提高创新的积极性。
- 要加强实践环节。强化学生的实际动手能力和实践技能的培养，实现从科学知识型向科学知识实用技能型的转化。学校应与产业联合，建立职业学生长久教学实践基地，设立开放型实验室，建立创新教育实验基地，为学生提供实践的机会和场所，进一步培养、锻炼、提高学生的创新意识、创新能力。
- 鼓励学生参加科技活动。学生可以参加教师的科研课题，也可以由学生自拟题目，学校给予经费支持，如设立学生学术基金项目和开放实验室基金项目等，并选派教师指导。对学生的科技活动要进行定期检查和鉴定，以培养学生的创新毅力和责任心。

（7）**集中优势、突出重点**。学生创新能力的培养工作，不是突击任务，不可能一蹴而就。它作为一个系统工程，必须做到长远规划与短期安排相结合，在找准主攻方向的基础上，集中优势，突出重点。为使学生创新能力培养工作不断深化、日显成效，必须坚持长远规划与短期安排相结合。

第五章 中职生创业素养和创业能力

你知道吗

教师要大胆鼓励学生质疑

"杰拉德·卡斯帕尔教授,你错了!"美国斯坦福大学荣誉校长杰拉德·卡斯帕尔,在给本科一年级学生上课时,学生们经常这样提醒他,但这正是他最高兴的地方。"学生们的天真让我意识到我的理解并不全面,然后再把讲义重写一遍。创新就要靠这种质疑的勇气。"他说。在当今的信息社会,知识更新的速度大大加快,要在海量的信息中获取有用的知识,教师必须培养学生具有良好的判断能力和批判精神。教师应鼓励学生在学习和继承人类已经创造出的优秀文明成果的基础上,勇于突破成规,勇于对现有知识质疑,挑战旧的学术体系,在发现和创新知识方面敢于独辟蹊径。要打破"听话的孩子就是好孩子"的观念,倡导勤思、善问的良好学风。教师要保持一颗平常心对待学生的质疑,不要怕被学生问倒,而扼杀学生质疑的优秀品质。著名特级教师宁鸿彬老师他对学生提出"三个欢迎"和"三个允许"的开放政策:欢迎质疑、争辩和发表意见,允许出错,改正和保留意见。这些民主的教学思想,都为学生创新精神的培养创造了积极的条件。

知识点 3 中职生的创业能力及培养

一、创业能力概述

1. 创业能力的含义

创业能力在创业的基本要素中具有重要的地位,它是创业基本要素的核心,创业能力的强弱直接影响着创业实践活动的成败。创业能力是一种能够顺利实现创业目标的知识和技能。创业能力是在创业实践中体现出来的影响创业实践活动效率,促使创业实践活动顺利进行的主体心理条件；创业能力比其他能力更具有综合性和创造性；创业能力表现为复杂而协调的行为动作。

2. 创业能力的特征

由于创业是一项特殊的社会实践活动，该活动赋予创业能力不同于一般能力的特征。它主要体现在以下几个方面：

（1）**具有较强的创造性**。在创业实践活动的整个过程中，每时每刻都离不开创造性思维和求异、求变、求新的探索能力。创业能力是一种具有突出的创造性特征的能力。创业能力的创造性特征是表现在创业实践活动的全过程中的，即从实践中提出问题到在实践过程中解决问题。

（2）**以智力为核心**。智力作为创业能力的核心，是指智力在所有的活动中普遍起作用，没有智力活动的作用，创业能力纵向结构的各个层次不可能形成和发挥作用，各层次之间的灵活转换和逐级递增结合和组合，无法指向共同的方向和中心，无法整合一致、高度协调地解决实践中所提出的问题。创业能力是一种以智力为核心，以知识、技能和经验为基础的具有较强综合性的能力结构。**创业能力结构的核心是智力，包括观察力、注意力、记忆力、想象力、思维力、创造力等诸种能力。**

（3）**具有较强的实践性**。创业能力的形成与发展始终与创业实践和社会实践紧密相连，创业能力是在实践中培养出来的。创业能力只有在社会实践活动这个大舞台上，只有创业实践活动所提供的艰巨而富有挑战性的任务，才能启动和激活个体的创业能力，从无到有、从小到大、从不成熟到比较成熟。

（4）**受个性的制约较强**。能力是个性结构的有机组成部分，因此，能力的形成过程和发挥作用的过程必然受个性心理倾向特征的影响和制约。创业能力也不例外。创业能力是在个性制约下形成并发挥作用，是与个性心理倾向和个性心理特征紧密结合在一起的。妨碍创业能力发展的个性方面有个性封闭、狭窄、不喜欢交往与交流；喜欢服从、模仿、权威观念重，办事犹豫不决等。在创业能力形成和发挥作用的过程中，是否具有开创型的个性至关重要，许多创业实践事例证实，在创业能力形成和发挥作用的过程中，最重要的个性特征就是看一个人有无开创型的个性素质，即对创新开拓活动的向往而产生的不可遏制的激情，是一种跃跃欲试，甚至非干不可的一种创造冲动式的心理状态，它是创业能力形成的第一步。

二、创业能力的内容

创业能力一般由三部分构成的，从对无数创业成功者的能力分析中可以看到，经营管理能力、专业技术能力、综合性能力在创业实践活动中直接发挥三种不同层次的效率。

第五章　中职生创业素养和创业能力

1. 经营管理能力

经营管理能力是创业能力中的运筹性能力，直接提供效率和效益，具体表现在经营、管理、用人、理财四个方面。在创业能力中，经营管理能力是一种较高层次的能力，它从三个方面直接影响创业实践活动。一是它涉及创业实践活动中人的选择、使用、组合和优化，涉及群体控制的各个方面；群体目标、群体内聚力、群体规范和价值等。所以，经营管理就是人才的发现和使用的艺术。二是它涉及创业实践活动的每一个环节：规划、决策、实施、管理、评价、反馈、影响到创业实践活动的全过程。所以，有人认为经营管理就是控制和调节的艺术。三是它涉及创业实践活动中资金的分配、使用、流动、增值等环节的过程，从而影响实践活动的规模和效益。所以，经营就是资金的运筹艺术。

（1）**经营能力**。经营能力，尤其是对即将毕业踏入社会准备创业的职校生而言，是必需的重要能力。成功的创业者，不仅要有果敢的开拓创业精神，还必须精通经营之道。一般要具有以下两个方面的能力：

❶ 要有能够敏锐地握商机能力

在我们的生活中，机会无处不在，对创业者来说，可谓是"商机无限"。可好的开头，是成功的一半。把握商机，可以说是成功的经营者所具备的一种基本能力。当你决定开始独立创业时，创业者所面临最现实、最紧迫的问题就是从事哪一种行业。创业者在创业初期，应该具备独具慧眼的能力，要慎之又慎，反复论证，选择好自己的创业目标，争取在开始创业之际，就能选择一个有良好发展前景的行业。

全球著名的一位香肠连锁店的开创者，原先在一个学校里是看大门的，后来校长把他辞退了。当他提着自己的铺盖卷儿，怀揣着几元钱离开学校时，他照例打算到附近的一家香肠店买点香肠做晚餐，然而，店门却封了，那个开香肠店的老太太搬走了。他有点儿失望，继而转念一想："我何不在这儿开一家香肠店呢？"接下来，他的香肠店就开张营业了。由于经营有道，现在，他的香肠店在世界范围内都设有连锁店，可以说人人皆知。

❷ 要掌握一定的经营、销售诀窍

大凡善于经营的人，都有其各自的经营诀窍。现代经营，有的创业者可能会用大把的钱做广告。这不失为一种经营策略，它可以把商家的产品直观、形象地展现给消费者，提高商品的知名度。科学的经营技巧，是在熟悉社会消费心理的前提下产生的。

上面我们讲到的那家香肠店在以后的经营中，为了顾客的方便，雇用了一批专门负责送货上门的工人，顾客不出门便可以吃到香肠，感到非常满意。以后，该店经营者考虑到顾客的心理，决定把香肠袋装化，即把香肠分成大小相等的几根，独立地包装起来，也就是我们今天看到的样子。正因为如此，香肠才风靡全球。

（2）**管理能力**。创业实践活动需要创业者有效的管理能力。管理能力是指企业领导人根据企业的内在活动规律，综合运用企业中的人力资源及其他资源，从而有效地实现企业目标过程的综合能力。管理能力主要包括人才管理和财务管理两个方面。

❶ 财物管理

创业者要具备一定的财物管理能力，这一重要性已是不言而喻的。许多企业由于盲目生产，不重视成本核算和财物管理，最后只能倒闭关门，这也从反面证明了财物管理能力的重要性。俗话说："吃不穷，穿不穷，算计不到必受穷。"创业者要从事生产经营，获得利润，就必须善于理财。在商品经济条件下，创业者必须心中时刻装有一把算盘，每做一事，都要掂量一下是否有利于企业发展，有没有效益。

❷ 人才管理

创业者或企业领导者应该时刻牢记，人才是一个公司的根本。创业时期要注意集聚人才，招揽人才。另外，如何用好人才实际上也是一种管理能力，创业者要在创业这个复杂的社会活动中获取成就，就必须有善于用人的才能。日本著名企业家松下幸之助的名言："企业最好的资产是人"，诺基亚公司"以人为本"的广告词，都充分体现了人的重要性。但开始创业的人，财大气粗者并不多，物质条件相对差一些，这时候要想留住人才，还必须重视"感情投资"。人是重感情的，当一个人能够体会到管理者是真心地关怀和重视自己，他一定会真诚地为企业付出自己的聪明才智。比如有的职工过生日，领导者可以送他生日礼物或者为其开一个生日宴会；有的职工结婚，领导者要前去贺喜；有的职工生病住院或家庭困难，领导者也可以前去慰问等。

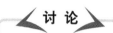

讨 论

请问模仿是否是创业能力培养的一种方法？

2. 专业技术能力

一个具有丰富经验和较高水平的经营管理者，如果不熟悉、不了解某一专业或职业的特殊性，就无法施展和发挥其经营管理或综合性能力，而只有把握住某一专业或职业的特点，才能对症下药，因事制宜，采取适当的经营管理方法。在创业能力中，专业技术能力（包括技能、技巧）是最为基本的能力，是人们从事某一特定社会职业所必须具备的能力和本领。专业技术能力包括专业知识和专业技能两个方面：

（1）**专业知识**。掌握专业知识是培养专业技术能力的基础。专业知识是指从事某一专业工作所必须具备的知识，一般具有较为系统的内容体系和知识范围。学生为了更好地

第五章　中职生创业素养和创业能力

学好专业知识,广大的职校学生还要学习一定的文化基础知识,可以说文化基础知识是专业知识的基础。例如电机维修专业的职校生要有相当丰富的物理学尤其是电学方面的知识储备,缝纫专业的学生也必须有一定的数学、人体生理学知识基础。对广大职校学生来说,在学好文化基础课的同时,更重要的还是要学好自己的专业知识。实践证明,学生在职业学校中所学的知识越多,专业技术能力越强,创业实践活动的成功率就越高。

 例子

专业知识成就创业成功

尹玉君,1986 年考入青岛平度四职高林果专业班,1989 年毕业。在学校,他曾经是个调皮的学生。后来,在老师的教导下,他决心学好自己的专业知识,为以后的成才奠定基础。老师讲课时,他认真听讲,认真记笔记,遇到不懂的东西,虚心地向教师和同学请教,有时为了一个问题,还和同学争论得脸红脖子粗。他的这种精神,使他具备了扎实的专业知识功底,为他以后的成才奠定了坚实的基础。1989 年毕业时,马戈庄镇果林站要招收林果技术员,而且还要进行文化课考试,他凭着扎实的文化功底,以平均每门 96 分的成绩考取了第一名而被录取。从此开始了他的创业历程。他先是利用自己的专业知识做实验、搞研究,研究培植出了一种新苹果品种"北斗苹果"。这种苹果一上市,价格便达到每斤 1.5 元以上,其他的苹果则只卖 0.5 元钱。由于他工作突出,被授予"青年科技标兵""星火带头人"等称号,获得了去日本学习的机会。在日本,他刻苦努力,并凭借着自己的能力和韧劲儿赢得了日本老板的赏识。学习期满后,他谢绝了日本老板要他定居日本的好意,回到了国内。如今,他在大华农副产品有限公司任主管,准备创办梨园。

从尹玉君的经历,我们可以看出拥有扎实丰富的科学文化知识和专业知识是成功的前提。他现在正在攻读日语,这样,再到日本去学习时,就解决了日语的障碍。同时,自己也多学了一门专业,在今后的生活中也多了一条出路。当你留心一下,你会发觉,每一位事业成功者都拥有很特别、很高超的"专门知识"。李嘉诚是地产专家,邵逸夫对电影了如指掌,包玉刚是航运百科全书。我们职校生正当学习知识的黄金年龄,更要抓住机会,努力学好专业知识,为以后成才打下基础。

（2）专业技能知识。一般来说，专业技能包括智力技能和操作技能两个方面：

❶ 智力技能	智力技能的形成，对于解决生产中的难题，进行技术上的更新和创造以及开创性品质的养成，将有很大的作用。智力技能是在大脑内部借助于内部语言，以缩简的方式对事物的映象进行加工改造而形成的，它以抽象思维为主要特征。
❷ 操作技能	操作技能需要进行系统训练，才能达到一定的熟练程度，形成初步的技术经验。操作技能是由一系列外部动作构成的，是经过反复训练形成和巩固起来的一种合乎法则的随意行动方式。掌握操作技能要通过认识动作样板、了解动作程序、掌握动作关键，从而理解整个动作，进而反复练习，使之有机联系、相互协调，最后形成连锁反应的技巧动作，达到准确性、协调性、速度和技巧的统一。

与普通中学的学生相比，职校生的初期创业往往是以自己的一技之长为社会服务的，要想让社会承认自己的劳动价值，就要以精湛熟练的专业技能为基础。职校生在具备了相应的专业知识后走出校门，但要想具备成熟的专业技能，成就一番事业还需要有一个实践过程。创业伊始，可能会遇到这样那样的不顺与羁绊，并不像想象中那么顺利，学校中学到的专业知识和一定的专业技能尚需要在实践中锤炼。这时千万不要灰心，要耐心等待，不断提高自己的专业技能，只有这样，才可能走向成功。在各级各类职业学校里，广大职校生要在教师的指导下，通过学习和训练，形成一定的操作技巧和心智活动的技巧。

3. 社会综合能力

综合能力是一种特殊能力，是创业者在创业实践中学会学习、学会做人、学会生存、学会发展、学会创造的综合性能力的概括。在创业能力中，综合能力是一种最高层次的能力，具有很强的综合特征，它由多种特殊能力与经营管理能力综合而成。这些特殊能力主要有：搜集信息、处理加工信息、运用信息的能力，发现机会、把握机会、利用机会和创造机会的能力，适应变化、利用变化、驾驭变化的能力，交往、公关、社会活动的能力等。

当客观条件具备时，一些创业者常常会脱颖而出，成为领导时代新潮流的成功者。实践证明，仅有专业技术能力的人，可以完成某一职业岗位的职责，成为一名称职的从业者，也可以成为创业者的合作伙伴，但很难成为一个开创新事业的创业者。而同时具有综合能力的人，可以成为成功的创业者，成为从业人员群体的雇主和上司。

三、怎样培养创业能力

结合市场经济对新时期人才的要求，我国职业教育"确立以能力为本位的教育思想"，以"发展智力、培养能力"为核心的教学改革思路。这一举措为广大职校生通过几年的学习，有效提高自己的创业能力提供了基本保证，但在实际操作中，要注意从以下几个方面着手：

1. 要积极培养创业的自觉性

创业能力的形成，有赖于创业者的自觉性，有赖于创业意识的觉醒和推动。"凡事预则立"，只有当创业能力的培养成为发自内心的自我需要时，人们才会主动地开展培养这方面能力的活动，才有可能最大限度地发挥潜力，使创业者自觉克服困难，排除各种干扰，对创业始终充满热情。只有具备了一定的创业意识，才能进行创业实践，开发出创业能力。

2. 要注意培养关键能力

所谓关键能力主要是指除了专业能力以外的方法能力和社会能力，包括个人的意志品质、心理承受能力、合作能力等。人们认为，在现代社会要取得创业的成功必须具备3种能力素质：即专业能力、方法能力和社会能力。而良好的意志品质、坚强的心理承受能力和热情友好的合作能力是形成创业能力的重要手段。

3. 要努力提高相关知识和技能

创业能力依赖于知识、技能和熟练，即创业能力是在获得知识、技能和熟练的过程中发展起来的。创业能力是一种特殊能力，其形成和发展是与创业实践活动紧密相连的，是一种能够顺利实现创业目标的特殊性、综合性和创造性的能力。知识、技能本身并不是能力，但是能力形成的基础。因此，应当强调能力与知识、技能、熟练的紧密而不可分割性。

4. 要积极参与创业实践

创业能力形成的基础——知识、经验和技能，不仅是指书本知识、间接经验和熟练的专门技能，更重要的是指有关的社会知识、经验以及与社会发生关系、处理社会问题的技能技巧。创业能力具有很强的社会实践性，它不可能通过单纯的思维活动或智力活动的训练来形成，也不可能通过单纯的专业活动或职业活动的训练来发展。可以说，创业能力鲜明的社会实践性的特点就决定了创业能力只能在社会实践和创业实践中形成和发展。

你知道吗

在实践中提升创业能力

陈枫，河南开封人，一位带领全村农民致富的科技带头人，个人盈利十余万，全村创收过百万，用自己的行动谱写了一曲职校生创业之歌。1990年，陈枫从河南某地一职业中专农学专业毕业，回家后，他决定在家乡的土地上擎起事业的桅杆。他搞起了蔬菜大棚的栽培和规模种植。1990年冬，买竹竿，跑农膜，购铁丝，查资料，他建起了一个4分地的大棚。开始，由于专业技能不熟练，不能很好地把专业知识应用于实践，再加上经验不足，一连坏了两茬黄瓜苗。眼睁睁地看着棚内的苗子一天一天变黄枯萎，他心急如焚，吃不下，睡不好。再加之村中的传言，他忧虑起来……然而，他无法忘却，无法忘却自己的志向和抱负。深夜，他又一次打开课本，翻开资料，清晨又一次跑到大棚，看了又看，转了又转，终于找到了前两次失败的原因，第三茬黄瓜苗终于保住了。然而黄瓜开花时，又出现了问题，他发现黄瓜叶发黄，长势减慢，并且化掉了不少的瓜。《中国蔬菜病原色图案》上没有这种病状，他赶紧带着样本前往学校科技咨询部和市农科所，在老师们的指导下，认定这是霜霉病和角斑病的混发。带着老师们开的药方，他回家后重新进行了技术改造。新技术的实施，使这仅有4分地的黄瓜大棚盈利3 000元。由此，他走上了创业成功之路。

由于学校中学到的知识和技能和现实的实践活动还有一定的差距，具有一定的专业知识和专业技能的他，在创业开始便遇到难题。但遇到困难，陈枫没有灰心，而且努力钻研知识，在实践中不断提高自己的专业技能，这是值得广大职校生学习的。同时也证明了专业技能的熟练掌握要有一个过程，职校生不仅要在学校中培养自己的专业技能，更在实践活动中认真学习总结，获得日臻完善的专业技能。

第五章　中职生创业素养和创业能力

1. 什么是创业精神？

2. 创业的基本素质构成有哪些？如何培养？

3. 创业能力的含义是什么？由哪几部分构成？

4. 中职生如何培养创业能力？

第六章 创业风险防范及法律知识

◀ **教学目标**

创业者事先要考虑到各种要素，做好万全的准备，同时还应具备相关的经验和专业知识，其中，创业风险的相关知识是学生在创业之前必须学习和掌握的，本章主要介绍了创业风险的含义和防范知识，学生应学会运用法律进行风险规避，保护自己的合法权益。

◀ **教学要求**

认知： 认识创业的过程中处处有风险，理解创业风险防范的重要意义。

情感和态度： 创业者必须具备相关法律常识，树立良好的法律意识。

运用： 学生应在创业前期理解和掌握风险防范的知识和方法，为以后的创业成功之路做好铺垫。

第六章　创业风险防范及法律知识

知识点 1　创业风险概述

一、什么是创业风险

创业风险是指在创业期间，由于投资和生产经营者掌握的信息往往不够充分，或存在着不确定因素的影响，致使其投资和生产经营的收益具有不确定性。具体来说，风险就是指投资和生产经营决策结果或好或坏的不确定性，它需要结合决策者对风险的正确认识和态度，才会得出对某种风险情况下的最优决策。风险在规则之内，在策略之间，在环境之中，在选择之时，风险无所不在。

任何人创业过程中都可能会遇到强大的竞争对手，尤其作为刚刚走出学校的中职生，由于缺乏经验，甚至可能遭受挫折和失败，会遇到意想不到的困难和选择。分析创业者成功的各种关键因素可以发现，其关键就在于创业者能够在外界环境和自身设立的远大目标压力作用下做出正确的决策。因此，中职生在创业过程中必须注重培养风险意识，加强风险防范。

你知道吗

任何投资都存在风险

管理学家德鲁克在《卓有成效的管理者》一书中说："管理好的企业，总是单调无味，没有任何激动人心的事情。那是因为凡是可能发生的风险危机早已被预见，早已将它们转化为例行作业了。"

作为创业者，在创业过程中必须有风险意识和防范风险的意识。创业是一种理性的风险投资，它集融资与投资为一体。如果投资者在进行各种决策时，所需要的信息收集得不完全，或是存在着某些不确定的因素的影响，如宏观经济政策的调整、科学技术的发展、市场供求的波动、竞争对手的举措、产品（或服务）价格的变动、金融市场的变化、自然灾害等，投资者便很难对投资行为做出准确的决策，因而会造成其投资收益的不确定性。因而任何投资和生产经营活动都具有一定的风险。

二、创业风险的种类

在投资创业过程中，由于风险及其特征十分复杂，所以对风险进行分类标准不一，这里可以将风险分类如下：

1. 特定风险和重大风险

由损失的起因和后果不同可以分为特定风险和重大风险。特定风险的内容一般是在起因和后果方面都是个人的、单独的。例如，车间发生火灾、银行被盗窃等都属于特定风险。重大风险的内容一般是在起因和后果方面都是非个人的、非单独的，它们属于团体风险，大部分是由经济、巨大自然灾害、社会和政治原因引起的，会影响到相当多的人，乃至整个社会。例如，战争、失业、通货膨胀、洪水、地震等都属于重大风险。

2. 经济风险和非经济风险

根据是否有涉及经济损失后果可分为经济风险和非经济风险。经济风险指的是指涉及经济损失后果的风险。例如，企业因经营不善而出现亏损、因决策不当导致投资血本无归等都属于经济风险。非经济风险则指的是未涉及经济损失后果的风险。例如，人事变动、舆论导向等都属于非经济风险。

3. 动态风险和静态风险

由经济条件是否变化可分为动态风险和静态风险。动态风险所涉及的是在经济条件变化的情况下造成经济损失的可能性。例如，价格水平波动、技术变化等可能会使企业和个人遭受损失。与静态风险相比，动态风险由于缺乏规律性而难以预测。静态风险所涉及的

第六章 创业风险防范及法律知识

则是一种在经济条件没有变化的情况下,一些自然行为和人们的失当行为形成的损失可能性。例如,自然灾害、个人不诚实的品质等都会造成经济损失。静态风险对社会无任何益处,但它们具有一定的规律性,是可以预测的。

4. 纯粹风险和投机风险

由是否有赢利可能性可分为纯粹风险和投机风险。纯粹风险是一种只有损失机会的风险。例如,一个人购买了一辆汽车后,就会面临着汽车遭受损失和给他人人身、财产带来损害的可能性,结果是发生损失和不发生损失。相反,投机风险是一种既有损失可能性也有赢利可能性的风险。例如,购买股票、投资办厂等。除了赌博以外,大多数投机风险属于动态风险,而大多数纯粹风险则属于静态风险。

三、如何规避风险

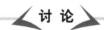是风险应对的一种方法,是指通过计划的变更来消除风险或风险发生的条件,保护目标免受风险的影响。既然任何投资和生产经营活动都存在风险,因此,就需要创业者必须谨慎决策。风险规避并不意味着完全消除风险,我们所要规避的是风险可能给我们造成的损失。一是要降低损失发生的概率,这主要是采取事先控制措施;二是要降低损失程度,这主要包括事先控制、事后补救两个方面。在进行决策和实施决策的过程中尽可能采取有效的方法来规避风险,以增加其获利的机会。常见规避风险的方法有以下几种:

> **讨 论**
>
> 风险与成功是并存的,你认为应该怎样把握这种并存?

1. 杜绝风险

杜绝风险就是不取得某种损失风险或消除现存的损失风险。杜绝风险有完全拒绝承担风险和放弃原先承担的风险两种方式。杜绝风险一般会产生几种结果:第一,虽然潜在的或不确定的损失能就此避免,但获得利益的机会也会因此丧失;第二,避免风险的方法有时并不可行,而避免一切责任风险的唯一办法就是取消责任;第三,避免某一种风险可能会产生另一种风险。

2. 风险损失的控制

风险损失的控制,主要包括减损管理和防损管理。减损管理又包括尽可能减轻损失后果管理和损后救助管理,两者都是设法控制和减轻损失的程度。例如,轮换使用机器设备,限制车速,安装自动喷水防火系统和防盗警报系统,对工伤者及早治疗,建立内部会计监督，限制保险柜内的现金数量等都是减轻损失程度的措施。防损管理旨在减少损失发生频率，或消除损失发生的可能性。例如，建造防火建筑物，进行质量管理，加强设备检修，颁布安全条例，提供劳动保护用品，检查通风设备，改进产品设计等都是减少损失频率的措施。

3. 风险补偿

风险补偿 是指个人或企业使用自有资金或借入资金，以补偿灾害、事故带来的损失。风险补偿可以分为被动的和主动的，即无意识、无计划的和有意识、有计划的。如果没有觉察到所面临的风险，或者觉察到风险的存在，但没有做出对付风险的决策，这样的自担风险就是被动的。因为有时完全回避风险是不可能或明显不利的，这种有计划的风险自担不失为一种规避风险的方式。如果已经觉察到风险的存在，并且相应采取了对付风险的办法，这种自担风险就是主动的。一般来说，风险补偿有这样一些的优点：节省保险费开支；增加企业对防损工作的内在动力。其不足之处主要是：企业有可能遭受高于保险费支出的损失，尤其在短期内，企业受损的可能性难以捉摸；企业有可能增加费用支出，如聘请安全工程师和防损专家，而保险公司则只需支付低廉的费用就可以向企业提供防损服务了。

你知道吗

风险补偿方法的适用情况

❶ 在最大程度做到对风险可控且造成损失并不严重的情况下，也能使用风险补偿这种方法。例如，一家大公司拥有一支庞大的车队，如果汽车停放在多个场所，就不太可能同时受损，因此，公司可以采取自保方式。

❷ 在使用其他对付损失风险的方法而不可得的情况下，风险补偿是最后一种方法。例如，企业由于洪灾而造成的财产损失可归入风险补偿。

❸ 在能被较精确地预测损失程度的情况下，风险补偿也是可取的。例如，工伤事故就属于这类可预测的损失风险。

4. 转移风险

转移风险常有以下两种方式：

（1）非保险方式的转移风险。一般企业在风险管理中，常常运用合同、租赁和转移责任条款的方式将风险进行转移，这是属于较为普遍使用的非保险方式转移风险的方式。具体如，出租车的租赁合同可以规定租赁公司对出租车的维修、保养、损坏负责；一家公司在与某建筑商签订新建仓库的合同中可以规定，建筑承包商对完工前仓库的任何损失负赔偿责任。

（2）保险。保险是一种把风险转移给第三方，也就是保险人的方法，即分摊风险和意外损失的方法。个人和企业一旦发生意外损失，保险人就补偿被保险人的损失。这实际上是把少数人遭受的损失分摊给同险种的所有投保人。由于少数投保人遭受的损失为同险种的所有投保人所分担，所以，所有投保人的平均损失就代替了个别投保人的实际损失。一般来说，人身、财产和责任风险都能由保险公司承保，而市场、生产、财务和政治风险就不能由商业保险公司承保了。

创业者必须在创业过程中树立风险意识，在投资和生产经营活动中存在的各种风险，主动识别风险种类及其影响，并积极采取适当有效的方法和措施来对付风险，保证经营活动顺利进行。

知识点 2 创业风险防范

一、发展战略风险的防范

创业是一个整合过程。它需要充分考虑各方面的因素，如果没有经验的积累，没有社会的支持，毕业生创业实际上是"独木难支"。相对于其他背景的创业者而言，学生最大的劣势就是社会经验的严重缺乏。学生创业者应学会如何有效防范创业风险，争取把创业风险降至最低。

1. 明确目标，探寻商机

对市场认识的缺乏，导致初次创业者很可能把眼光盯向那些所谓的热门：听说电子商务现在很火，就想要建个网站搞一把；看见加盟连锁赚钱，就决定加盟。实际上，如果在清楚地了解市场近期前景、投入又不太多的情况下，做"热门"并不是不可行的，但是，一定不要盲从，不要美化前景，冲动投入。投资失败的人，一个通病就是赶"热门"，看到别人做什么赚钱也跟着去赶热门。但是，真正成功的人，绝不去赶"热门"，而是留心发现商机，也就是说创业者要慎选行业。

另外，学生在创业过程中也可以寻找"冷门"，从而成为抢先进入市场、占领市场的人。所以同学们要努力寻找那些有市场需要，或有某种潜在需要、却又没人做的事情。要研究人们生活中还有哪些不便，能不能通过某种服务或产品解决人们生活的不便。如果能通过自己的行为创造市场、引导市场，那就更高明了。

你知道吗

李嘉诚的成功之道

中职生朋友在创业过程中可以选择自己熟悉又专精的事业，当然你也许发现你熟悉的行当已人满为患或竞争惨烈或毫无前景可言，那么是否就此打住呢？当然不是！

李嘉诚涉足塑料花、涉足房地产时都不是这方面的专家。关键就在于：

第一，李嘉诚当时明白这些项目利润可观；

第二，李嘉诚当时已有一定的财力；

第三，很重要的一条，李嘉诚有很好的渠道和参谋使他能够在必要时方便地获得相关的专业支持和建议。在规模上，创业初期可以小本经营或找股东合作，按照创业计划逐步发展。

2. 尽量降低资金风险

不管是已经创业成功的人士还是相关专家，都不赞成同学们在创业初期就投入自己所有的资金积蓄，甚至大肆举债。

由于自身市场经验、管理能力等方面的不足，初次创业的成功概率只有 20%～30%，很大程度上只是一个自我摸索和学习的阶段，如果过多过大地投入，一旦失败，会对今后的发展产生巨大影响。对于那些没有开始创业，就整天想着从哪里获得更多的贷款、甚至

第六章　创业风险防范及法律知识

寻求风险投资机构帮助的举动，是不值得提倡的。首先，作为创业学生从这些渠道获得资金的概率非常小，投资专家是不会轻易把钱投在那些初出茅庐的人身上，哪怕你自认为有非常好的项目和机会。其次，过多的投入很可能一开始就把事情放在了自己不能掌控的地步，使风险加大。

所以同学们在创业过程中尽量将创业资金数额减到最低。选择那些只需要少许现金，并能充分实现个人才华和专长的事业做起，给自己一个经验积累和资本累积的过程。

3. 充分了解涉足的市场

成功总是青睐那些有准备的人。而这种准备，很大程度上就是来自于你对市场的了解。以前那个凭着一股冲劲、某个灵感就能占领市场、获得成功的时代已经永远过去了。对于创业者来说，机会似乎处处都有，机会又似乎无处可寻。其实，关键还在于，当你想进入某个领域时，你对它的现状了解多少，你对它的前景又能预测多少。

一些人手头有了一笔钱，又或者听别人谈到某个商机，觉得是个机会，就雄心勃勃想干一番自己的事业。但是，如果缺乏信息指导，也不做市场调查，而只是几个朋友坐在一起，凭空勾勒一下未来，其结果往往是一场空。因为没有可靠的数据支持、充分的市场分析，在你脑海里所浮现的往往是一厢情愿的美好前景，而不能认识到漏洞和危机在哪里。当你想要投入某个项目或者进入某个领域的时候，最好能够搞可行性研究，可以委托给专业的公司进行。如果觉得没有能力投入的时候，也要尽可能地利用自己的现有资源进行了解和调研。那些不经调研和分析，仅凭头脑发热就盲目投入的做法是非常幼稚的。

4. 有效整合管理资源

创业需要充分考虑各方面的因素，如果没有经验的积累，没有社会的支持，同学们创业实际上是"独木难支"。相对于其他背景的创业者而言，学生最大的劣势就是社会经验的严重缺乏。缺乏从职业角度整合资源、实施管理的能力和经验，这将大大降低同学们创业的成功率。而现在许多同学往往存在"纸上谈兵""好高骛远"的现象，比如把创业目标定位在需要一大笔启动资金、高科技的大型项目上。这都会给创业带来巨大的风险和压力。所以，同学们应该选择一些低成本、低风险的小项目，放下架子去创业。而且要具备一定的企业管理及市场营运知识和经验。即使是两三人的"办公室式"小企业，也必须有明确的财务、人事制度。有条件的话，可聘请有管理经验的前辈把关。

5. 做足准备，长远发展

小企业的发展，稳健永远要比成长更重要，如果你每年能有 30% 的利润，3~5 年后就能有机会把事业做得更大，因此要有跑马拉松的耐力及准备，一步一个脚印，按部就班，不要存在抢短线的投机幻想。也就是说初创企业要先求生存。要先打好根基，求生存后再求发展，切勿好高骛远、贪图业绩，必须重视经营体制，步步为营，再求创造利润，进而扩大经营。

另外，初创公司的有效管理要注意精兵简政。公司初期必须精简、节约、高效、务实，不要追求表面的浮华，不必为太长远的设想先期投资。

二、财务风险的防范方法

可以说创业是最具挑战性的事业，商海茫茫，变数无常，有成功自然也会有失败。中关村是创业者的乐园，不少创业者在财务管理方面面临问题，如财务管理制度创建不到位、创业者素质提高不及时与财会人员选拔不合格等。由于创业者未能意识到上述问题的重要性，最终导致公司财务管理失控，酿成重大问题。

1. 财务风险意识

创业者应具备基本的财务风险意识，能够在风险与收益之间找到一个平衡点。创业企业受企业规模的限制，承受财务风险的能力比较低。因此，形成合理的资本结构，确定合理的负债比例尤为重要。负债过多，一旦情况发生变化，就会造成资金周转困难；负债过少，又会限制企业的长期发展。企业的长期发展，需要外来和自有资金的相互配合，既要借债，又不能借得太多，以形成合理的资本结构。

2. 财务控制制度

创业企业要建立严密的财务控制制度，应至少包括不相容职务分离制度。不相容职务相互分离控制，要求创业企业按照不相容职务相分离的原则，合理设置财务会计及相关工作岗位，明确职责权限，形成相互制衡的机制。**不相容职务包括：授权批准、业务经办、会计记录、财产保管、稽核检查等职务。**

> 讨 论
>
> 节约是控制财务风险最好的方法吗？

3. 财务会计知识

现代企业的经营管理者必须具有基本的财务会计知识，才能知晓企业的经营能力与不足，并依据有效的财务数据做出正确的经营决策。作为股东与经营者双重身份的创业者，应具有以下财务技能：

创业者首先要能看懂财务报表，并能从财务报表中把握企业总体的财务状况和经营业绩中发现主要的问题。能反映企业财务状况和经营成果的财务报表主要有三个：资产负债表、损益表、现金流量表。这些财务报表为企业管理者提供经济决策中所需的财务信息，是管理者加强和改善经营管理的重要依据。

第六章 创业风险防范及法律知识

创业者应具备资金流转控制的基本概念与方法。使资金运用产生最佳效果，是企业财务管理所追求的基本目标。

4.财务外包策略

财务外包不是大公司的专利，事实上中小企业更适合采取财务外包的方式来节约有限的资金，同时还能获得高质量的财务与会计管理水平。学生创业一般属于中小企业，财务外包方案无疑是可以采取的。财务外包方案本质可以概括为代理记账、代理纳税申报、提供专业财务咨询与建议。聘请财务服务公司必须慎重，不能仅考虑费用低廉，更应从服务资格、服务经验、专业团队、服务质量、社会品牌与声誉等方面予以仔细考察。千万不能聘请没有代理记账资格的公司，否则不仅服务质量不能保证，还会导致许多意料不到的麻烦。

知识点 3　创业中的法律知识

一、企业相关的法律知识

创业过程所涉及的法律、法规是十分具体而复杂的。企业是市场经济中最主要的实体，所谓自主创业基本上可以等同于创办和发展一家企业，每个国家都有很多涉及企业的法律法规。

（1）登记审批的相关法律。首先必须到工商行政管理部门办理登记手续，领取营业执照，如果从事特定行业的经营活动，还须事先取得相关主管部门批文。

我国企业立法已经不再延续按企业所有制立法的旧模式，而是按企业组织形式分别立法，根据《民法通则》《公司法》《合伙企业法》《个人独资企业法》等法律的规定，企业的组织形式可以是股份有限公司、有限责任公司、合伙企业、个人独资企业，其中以有限责任公司最为常见。

（2）**设立企业的相关法规**。设立企业时需要了解《企业登记管理条例》《公司登记管理条例》等工商管理法规、规章。设立特定行业的企业，还有必要了解有关开发区、高科技园区、软件园区（基地）等方面的法规、规章、有关地方规定，这样有助于选择创业地点，以享受税收等优惠政策。

我国实行法定注册资本制，如果不是以货币资金出资，而是以实物、知识产权等无形资产或股权、债权等出资，还需要了解有关出资、资产评估等法规规定。

（3）**税务登记的相关常识**。企业设立后要进行税务登记，需要会计人员处理财务，这其中涉及税法和财务制度，需要了解企业缴纳哪些税，如营业税、增值税、所得税等，还需要了解哪些支出可以划入成本，开支办公费、固定资产怎么摊销等。

聘用员工涉及劳动法和社会保险问题，你需要了解劳动合同、试用期、服务期、商业秘密、工伤、养老金、住房公积金、医疗保险、失业保险等诸多规定。

此外，需要了解著作权、商标、域名、商号、专利、技术秘密等各自的保护方法，既不能侵犯别人的知识产权，又要建立自己的知识产权保护体系，还要了解《合同法》《担保法》《票据法》等基本民商法律和行业管理的法律法规。

二、企业类型

1. 个人独资企业

个人独资企业 就是指依照《个人独资企业法》在中国境内设立，由一个自然人投资，财产为投资人个人所有，投资人以其个人财产对企业债务承担无限责任的经营实体。

（1）**法律特征**。个人独资企业的法律特征有三方面：

第一，独资企业的出资人为一个自然人。

第二，独资企业的全部财产为投资人所有，即在独资企业中，企业的财产同投资人的个人财产没有严格区分，即使有，也仅仅在于经营性财产和消费性财产的区分。

第三，独资企业以投资人的全部个人财产对企业的债务承担无限责任。独资企业完全由投资人个人控制，企业的生产经营活动同投资人个人的关系非常密切，所以投资人应对企业的债务承担无限责任，这有利于保证债权人的利益。

（2）**设立条件**。申请设立个人独资企业应当具备以下五项条件：

❶ **作为投资人的自然人**

作为投资人的自然人不能是法律、行政法规禁止从事营利性活动的人，如在职国家公务员，现役军人，国有、集体企事业单位在职管理人员等。

第六章　创业风险防范及法律知识

❷ 合法的企业名称

企业名称应当符合名称登记管理的有关规定，并与其从事行业相符，企业名称中不得使用"有限""有限责任"或者"公司"字样。

❸ 投资人申报的出资

对于投资人申报的出资，投资人无须提交验资报告或者出资权属证明文件，登记机关对投资人申报的出资权数、出资数额和是否实际缴付等情况不予审查，由投资人对其申报的出资情况承担法律责任，这也意味着在法律上对个人设立独资企业没有最低额限制。

❹ 固定的生产经营场所和必要的生产经营条件

从事临时经营、季节性经营、流动经营和没有固定门面的摆摊经营，不得申请登记为个人独资企业。

❺ 必要的从业人员

（3）设立程序。个人独资企业设立时，应到所在区域的工商行政管理部门进行登记注册，递交设立申请书。设立申请书中载明：企业的名称和地址、投资人的姓名和居所、投资人的出资额和出资方式、经营范围。工商行政管理部门在收到设立申请文件之日起 15 日内，对符合《个人独资企业法》规定条件的给予登记，发给营业执照，营业执照的签发日期就是该企业的成立日期。

> **讨论**
>
> 公司法与劳动法对一个创业者来说是同等重要吗？

2. 合伙企业

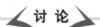是指依照《合伙企业法》在中国境内设立的由各合伙人订立合伙协议，共同出资、共同经营、共享收益、共担风险，并对合伙企业债务承担无限连带责任的营利性组织。

（1）法律特征。合伙企业的法律特征包括三个方面：

❶ 具有两个以上的投资人共同投资兴办

合伙企业的投资人可以是自然人也可以是法人，但必须是两人或两人以上。

❷ 合伙人以合伙协议确定各方出资、分享利润和承担债务的份额。

❸ 合伙人对合伙债务承担无限连带责任。

  在合伙企业与第三人的关系中，合伙企业以合伙共有财产清偿第三人的债务，在合伙财产不足以清偿合伙企业的债务时，合伙人负有以其在合伙出资以外的个人财产清偿合伙债务的责任，而且合伙人之间承担连带责任。所偿数额超过其应承担的数额时，有权向其他合伙人追偿。合伙企业较适合那些商业风险不大、从业人员具有较强的专业经验和能力、规模较小的经济组织，如律师事务所、会计师事务所等。

  （2）**设立条件**。申请设立合伙企业必须满足以下五项条件：

❶ 有两个以上合伙人，并且都是依法承担无限责任者

  申请设立合伙企业的合伙人应当为具有完全民事行为能力的人，限制及无民事行为能力的人不得作为合伙企业的设立人。法律、行政法规禁止从事营利性活动的人，如现役军人、在职的国家公务人员，也不得成为合伙企业的合伙人。

❷ 有书面合伙协议

  合伙协议是合伙人之间确定权利义务关系最重要的依据，合伙人应以书面形式在合伙协议中明确约定合伙企业的名称和主要经营场所的地点；合伙人出资的方式、数额和缴付的期限，利润分配和亏损分担办法，入伙与退伙，违约责任，经营期限，争议的解决方式等。合伙协议经全体合伙人签名、盖章后生效。

❸ 有各合伙人实际缴付的出资

  合伙人的出资形式可以多样化，除了一般的货币、实物、土地使用权、知识产权和其他财产性权利外，合伙人还可以以个人劳务方式出资，只要合伙人在合伙协议中约定该劳务的评估办法即可。

❹ 有合伙企业的名称

  与独资企业相同，合伙企业在名称中不得使用"有限""有限责任"或者"公司"字样。

❺ 有经营场所和从事合伙经营的必要条件

  （3）**设立程序**。合伙企业设立时，到所在区域的工商行政管理部门提交登记申请书、合伙协议书、合伙人身份证明等文件，工商行政管理部门自收到申请登记文件之日起30日内，做出是否准予登记的决定。对符合规定登记条件的，将发给营业执照，合伙企业以营业执照的签发日期为其成立日期。

第六章　创业风险防范及法律知识

3. 公司

在我国，公司是指按照法律由股东投资而设立的以营利为目的的企业。

（1）**法律特征**。公司的法律特征是：依法设立；以盈利为目的；由股东投资；是企业法人。

（2）**形式**。公司有两种形式：有限责任公司和股份有限公司，两者有较大区别。

① 有限责任公司

有限责任公司，是指由一定人数的股东组成，股东以其出资额为限对公司承担责任，公司以其全部资产对公司债务承担责任的公司。

有限责任公司的设立条件如下：

第一，股东符合法定人数。 有限责任公司由 2 人以上 50 人以下股东共同出资设立。

第二，股东出资达到法定最低资本限额。 包括以下三个方面：

❶ 出资数额

公司的经营项目不同，其出资数额也不同。其中，以生产经营为主的公司，人民币 50 万元；以商品批发为主的公司，人民币 50 万元；以商业零售为主的公司，人民币 30 万元；科技开发、咨询、服务性公司，人民币 10 万元。

❷ 出资方式

股东可以用货币出资，也可以用实物、工业产权、非专利技术、土地使用权作价出资。但《公司法》规定，以工业产权、非专利技术作价出资的金额不得超过公司注册资本的 20%。近年来，为促进高新技术产业发展，科技部、国家工商行政管理局联合颁布了《关于以高新技术成果出资入股若干问题的规定》，允许以高新技术成果向有限责任公司或非公司制企业出资入股（作价金额在 500 万元人民币以上，且超过公司或企业注册资本 35% 的，需由科技部审查确定）。具有管理才能、技术特长或者专利成果的个人，可以以智力成果作为无形资产投资入股，最高可占注册资本金的 20%。这一政策在很大程度上降低了高新技术成果拥有者的注册壁垒，对学生创办的企业在经营领域上具有很强的引导作用。

❸ 出资缴纳期限

《公司法》规定注册资本金在企业注册时必须一次到位，但为了促进小企业的发展，许多地方政府在注册登记时对注册条件实行了放宽政策，如西安市政府出台了《关于放宽小企业登记注册条件的若干意见》，大幅度放宽了小企业的注册条件，允许公司制小企业（注册资本在 50 万元以下）的注册资本分期注入。这对于大多囊中羞涩的学生来说是个福音。

第三，股东共同制订公司章程。章程是公司股东依法制订的，是记载有关公司组织与活动基本原则的书面法律文件，也是有限责任公司必备的法律文件。

第四，有公司名称，建立符合有限责任公司要求的组织机构。公司名称一般由四部分组成：第一部分是公司种类；第二部分是具体名称；第三部分是营业种类，即公司的行业属性；第四部分是公司注册机关所在地的行政区划。组织机构包括股东会、董事会、监事会，小规模的有限责任公司可以不设董事会，只设一名执行董事，也可不设监事会而只设一至两名监事。

第五，有固定的生产经营场所和必要的生产经营条件。

② 股份有限公司

 股份有限公司 ，是指全部资本分为等额股份，股东以所持股份为限对公司承担责任，公司以其全部资产对公司债务承担责任的法人。因为设立股份有限公司注册资本方面的要求非常高，最低限额为1 000万元人民币，对于学生创业者来说，选择此种企业形式是不太现实的，所以这里对股份有限公司不多加介绍。

你知道吗

有限责任公司的设立程序

1. 订立章程

股东应当在公司章程上签名、盖章。

2. 缴纳出资

股东应足额缴纳其承诺的出资数额，不依承诺缴纳的，需向已足额缴纳出资的股东承担违约责任。

3. 验资

股东全部缴纳出资后，需经法定的验资机构验资并出具证明。

4. 申请设立登记

由全体股东指定的代表或者共同委托的代理人向公司登记机关申请设立登记，提交公司登记申请书、公司章程、验资证明等文件。

5. 公司成立

公司营业执照的签发日期为该有限责任公司的成立日期。

6. 向股东签发出资证明书

第六章　创业风险防范及法律知识

4. 个体工商户

个体工商户 是指从事个体工商业经营的民事主体。它的法律特征是：以本人或家庭的生产或经营资料进行生产经营活动，成员为劳动者本人或其家庭成员。

我国法律规定的个体工商户的经营范围有：工业、手工业，可从事产品生产、加工、矿产开采以及生产设备、生产工具等的修理；商业经营，可从事商品的收购、销售、运输、存储、保管等；交通运输业，可从事公路、水上的货运、装卸、搬运等；建筑业；餐饮业；服务业；修理业及其他。

三、税法知识

依法纳税是每个企业和公民应尽的义务，创业者学习和了解国家税收政策和有关规定对于确保合法经营和企业正常业务的开展都是十分有利的。

1. 我国税收制度概况

税收制度是国家各种税收法令和征税办法的总称，我国社会主义税收制度是遵循"公平税赋、普遍纳税、讲求效率、加强调控、简化手续"的原则建立起来的。税收制度的核心是税法，它是国家法律的重要组成部分。它规定了国家与纳税人之间的征纳关系，是国家向纳税人征税的法律依据和操作程序。纳税人必须按照税法规定依法纳税；同时，有权拒绝缴纳不按税法规定征收的税款。任何单位和个人违反税法，都要受到法律的追究。

现行税法明确规定，纳税人在开业的一定时间内应当向当地税务机关办理税务登记。税务登记是确定纳税人履行纳税义务的法定手续。生产经营者在开业、歇业、合并、分设、迁移时，都应在工商行政管理部门批准之日起 30 日内，持有关证件向当地税务机关办理开业、变更和注销税务登记。

目前，**我国大多数地区所需缴纳税种大致可分为国税和地税两部分**。国税局核定缴纳的主要是增值税（部分企业还要缴纳消费税等其他税种）；地税局核定应缴税种主要为营业税、个人所得税、企业所得税、城市建设维护税、教育费附加等。

2. 新创企业的优惠政策

一般来说，新创企业可能享有的法定税收优惠政策大致包括：

（1）为农业生产提供服务。对农村的为农业生产的产前、产中、产后服务的行业，即乡、村的农技推广站、植保站、水管站、林业站、畜牧兽医站、水产站、种子站等通过劳务所得到的收入以及城镇其他各类事业单位通过技术服务或劳务所取得的收入暂免征收所得税。

（2）**为科研院所提供服务**。对科研单位和大专院校服务于各行业的技术成果转让、技术培训、技术咨询、技术服务、技术承包所取得的技术性服务收入暂免征收所得税。

（3）**新办企业**。国家对新办企业具体优惠政策如下：

独立核算的从事交通运输业、邮电通讯业的企业或经营单位，自开业之日起，第一年免征所得税，第二年减半征收所得税。

独立核算的从事咨询业（包括科技、法律、会计、审计、税务等行业）、信息业、技术服务业的企业或经营单位，自开业之日起，第一年至第二年免征所得税。

从事公用事业、商业、物资业、对外贸易业、旅游业、仓储业、居民服务业、饮食业、教育文化事业、卫生事业的企业或经营单位，自开业之日起，报经主管税务机关批准，可减免或者免征所得税一年。

第三产业企业经营多业的，按其经营主业（以实际营业额来计算）来确定减免税政策。私营新办的生产型企业缓征所得税一年。

另外需强调的是，对于高新技术企业，按规定一般企业所得税减免期满后，高新技术企业仍可延长三年减半缴纳企业所得税。

1. 创业者应具备的知识和素质分别是什么？

2. 创业项目主要从哪几种途径获取？

3. 实现创业目标的途径有哪些？

4. 中职生朋友们，你觉得自己适合走自主创业这条道路吗？请自拟项目试着写一份创业计划书。

中职生创业意识的培养

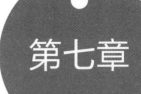

第七章

教学目标 ◀

中职生创业光有激情是远远不够的,应该从整个社会、整个学校入手来加强这种商机意识的教育,去开展创业培训教育,培养创业能力。本章主要介绍了创业过程中的创新意识、合作意识、敬业意识和信誉意识等各种创业意识,学生应通过学习和了解创业意识的各方面内容,注重自我培养和创业培训,提高创业能力。

教学要求 ◀

认知: 学生应主动培养自我的创业意识,理解创业时艰苦的、持续不懈的努力过程。

情感和态度: 创业时一点点地积累,需要将各种创业意识在学习中实践,在实践中学习。

运用: 创业者必须学会有效运用创业意识,长远规划,脚踏实地,才能将智慧和汗水有效结合,从而获得创业成功。

知识点 1 创新意识及培养

一、创新意识概述

1. 创新意识的含义

创新意识是指人们根据社会和个体生活发展的需要，引起创造前所未有的事物或观念的动机，并在创造活动中表现出的意向、愿望和设想。它是人类意识活动中的一种积极的、富有成果性的表现形式，是人们进行创造活动的出发点和内在动力。是创造性思维和创造力的前提。

创新意识主要由好奇心、求知、竞争、冒险、灵感、个人求发展的动力等心理因素组成。这些心理因素相互联系、相互促进，形成了创新意识。创造新事物首先要有创新意识，没有创新意识就没有创新活动，没有创新活动就没有创新成果，创新意识是创造新事物的关键。

2. 创新意识的内容

创新意识大致可以分为三部分，包括创造动机、创造兴趣、创造情感和创造意志。创造动机是创造活动的动力因素，它能推动和激励人们发动和维持进行创造性活动。创造兴趣能促进创造活动的成功，是促使人们积极追求新奇事物的一种心理倾向。创造情感是引起、推进乃至完成创造的心理因素，只有具有正确的创造情感才能使创造成功。创造意志是在创造中克服困难、冲破阻碍的心理因素，创造意志具有目的性、顽强性和自制性。

具体来说，创新意识主要由以下几个方面内容组成：

（1）**求发展的心理动机**。创新意识和创新实践需要推动力，这个推动力就是个人求生存、发展的欲望，有了某种欲望，才有创新的需要，才会自然而然地想尽一切办法、创造条件实现自己的欲望，在个人求发展时，创造意识便产生了。一个不思进取、随波逐流的人，是不会产生创新意识的。

第七章 中职生创业意识的培养

（2）**好奇心与求知欲的驱使**。好奇心与求知欲属于人的理智情感范畴，能推动人主动积极地观察事物，产生创新冲动。当人接触到某一未知事物时，有两种截然不同的态度：一种是不闻不问，事不关己；另一种是感到好奇，要弄个究竟，搞个水落石出。前者不利于创新意识的形成，后者是好奇心和求知欲的反映，很容易产生创新的冲动。

讨论

创新与另类有区别吗？

（3）**怀疑性心理的作用**。怀疑性心理是创新意识的重要标志之一，怀疑是善疑，而不是多疑，表现为对司空见惯的现象和人们已有的认识持怀疑、分析和批判的态度，在怀疑、分析、批判中探索符合实际的客观规律。

（4）**灵感的激发**。灵感是创新思维中突然出现的心理现象，是大脑对客观现实的瞬间反映。人们在创造性活动中，遇到长期得不到解决的问题时，突发的奇想，这种心理现象便是灵感。灵感不是胡思乱想的结果，它是人的思维苦思冥想的瞬间醒悟。所以灵感的产生是勤奋的结果，是大脑反复思考的产物。

（5）**竞争与冒险心理的实施**。竞争是推动人类社会前进和自身进步的一种动力。竞争者要想获胜，必须精力集中，情绪饱满，意志坚强。所以，竞争能激发人强烈的创新意识。敢于竞争、思考竞争、善于竞争是创新思维的强大动力。

冒险精神是创新意识的重要方面。冒险本身就含有创新的成分，因为冒险有一定的危险性，一般是前人或别人未涉及的领域。冒险者需要勇气、坚强的意志、创新意识和创业精神，冒险也要有科学依据，要考虑冒险代价，并经过周密的策划，切忌盲目地去冒险。

你知道吗

创新意识与创造性思维的区别与联系

创新赋予资源以新的创造财富的能力。创新意识与创造性思维不同，创新意识是引起创造性思维的前提和条件，创造性思维是创新意识的必然结果，二者之间具有密不可分的联系。创新意识是创造人才所必须具备的。创新意识的培养和开发是培养创造人才的起点只有注意从小培养创新意识，才能为成长为创造人才打下良好的基础。高等院校正以此为教学改革的重点之一，一个具有创新意识的民族才有希望成为知识经济时代的科技强国。

3. 创新意识特征

创新意识的特征有以下几个方面：

（1）**社会历史性**。创新意识是以提高物质生活和精神生活水平需要为出发点的，而这种需要很大程度上受具体的社会历史条件制约，在阶级社会里，创新意识受阶级性和道德观影响制约。人们的创新意识激起的创造活动和产生的创造成果，应为人类进步和社会发展服务；创新意识必须考虑社会效果。

（2）**新颖性**。创新意识或是为了满足新的社会需求，或是用新的方式更好地满足原来的社会需求，创新意识是求新意识。

（3）**个体差异性**。人们的创新意识和他们的社会地位、文化素质、兴趣爱好、情感志趣等相应，它们对创新起重大推进作用。而这些方面，每个人都会有所不同，因此对于创新意识既要考察其社会背景，又要考察其文化素养和志趣动机。

我们常常看到别人成功后，总是千方百计了解别人成功的过程，然后，按照别人成功的方式，亦步亦趋。当然，这样做，你可能会有成功的机会，但更多的是成绩平平，有时甚至是失败。一个人要想创业成功，最重要的是走别人没有走过的路，要有所创新和有所创造。正因为别人没走过，所以，你就会在这条路上获得更多的宝藏。相反，你沿着人家走过的路寻找宝藏，你获得宝藏的机会就会很小。

例子

兰德照相机的创新与成功

美国人艾德文·兰德是一位具有辉煌才华的发明家和科学家，享有240项专利。自从1937年创立公司之后，他一直是拍立得公司的董事长、总裁、研究部主任。公司创立之初，兰德发明了两极偏光片（一种光线过滤物）。两极偏光片是制造太阳镜的重要原料，它在科学实验室、照相、彩色立体电影、交通方面具有广泛的应用。在两极偏光片的各种用途方面，兰德就拥有96项专利，拍立得在这方面的商业对手是不多的。拍立得目前的名气，以及公司96.6%的销售额，都是建立在1947年兰德发明的60秒照相机上。1947年2月的一天，兰德给女儿拍照，女儿不耐烦地问，什么时候可以见到照片。兰德耐心解释，冲洗照片需要一段时间，说话时他突然想到，照相术在基本问题上犯了一个错误——为什么我们要等上几个小时，甚至几天才能看到照片呢？喜悦就这样被严重地延迟了。如果能当场把照片冲洗出来，这将是照相术的一次革命。难题是如何在一两分钟之内，就在照相机里把底片冲洗好，能够适应0℃至110℃的气温，而且必须用干燥的方法冲洗底片。兰德思考解决所有这些问题的方法。他以令人难以置信的态度开始工作，6个月之内，就把基本的问题解决了，而且从照相到取相仅需60秒。

在那个时期，美国约有1/3的家庭还没有照相机。更多的人虽然拥有照相机，但并没有使用它们，理由是这些东西不能够立即产生效果。结果呢？只有几百万摄影爱好者玩玩照相机而已，这些人的快乐来自照相机的复杂性大于他们照出来的相片。当1948年11月26日，兰德照相机首次在波士顿一家大百货公司上市时，大家争相抢购，以至于忙碌的店员不小心把一些没有零件的展览品也卖了出去。由于很快地就能见到照片，诱使拥有兰德照相机的人买了相当多的软片。拥有普通相机的人，一年也许只买三四卷软片，拥有兰德相机的人，一年买上十卷以上软片的情形是常事。拍立得1949年的销售额高达668万美元，其中500万美元来自新相机和软片的销售额。到了20世纪60年代后期，拍立得一年所卖的软片，价值高达两亿美元。20世纪末艾德文·兰德的财产已经超过了10亿美元。

二、创新意识的重要意义

1. 提升人的本质力量和综合素质

创新实质上确定了一种新的人才标准，它代表着人才素质变化的性质和方向，它输出了一种重要的信息：社会需要充满生机和活力的人、有开拓精神的人、有新思想道德素质和现代科学文化素质的人。它客观上引导人们朝这个目标提高自己的素质，使人的本质力量在更高的层次上得以确证。它激发人的主体性、能动性、创造性的进一步发挥，从而使人自身的内涵获得极大丰富和扩展。

2. 国家和民族创新能力的最直接的精神力量

在今天，创新能力实际就是国家、民族发展能力的代名词，是一个国家和民族解决自身生存、发展问题能力大小的最客观和最重要的标志。

3. 推动社会的全面进步

创新意识根源于社会生产方式，它的形成和发展必然进一步推动社会生产方式的进步，从而带动经济的飞速发展，促进上层建筑的进步。创新意识进一步推动人的思想解放，有利于人们形成开拓意识、领先意识等先进观念；创新意识会促进社会政治向更加民主、宽容的方向发展，这是创新发展需要的基本社会条件。这些条件反过来又促进创新意识的扩展，更有利于创新活动的进行。

三、创新意识的培养方法

要有所创新,就必须培养和增强创新意识。因为创造新事物首先应具有创新意识,没有创新意识就不会有创新活动,创新意识贯穿了创新活动的始终。

1. 积极开发自身创新的潜能

开发人的大脑潜能,在一定意义上就是培养人的创造性思维能力和创造性想象力。人们的大脑能量是十分巨大的,人的一生只是开发了大脑的很少一部分能量,人的创造潜力是非常可观的。这就要求同学们时刻保持大脑的活跃状态,保持勤于探索的精神,多观察、多思考、多实践、多总结,养成勤奋、好学、好问的好习惯,凡事多问几个"为什么",潜能就将被逐步开发出来。

> **你知道吗**
>
> **开发自己的大脑**
>
> 科学家认为,人在自己的一生中,仅仅运用了大脑能力的 10%,还有 90% 的大脑潜能白白浪费了。新的研究更进一步指出以前人们对大脑的潜能估计太低了,人们根本没有运用大脑能力的 10%,甚至连 1% 也没有用到,因而可以毫不夸张地说,人脑的潜能几乎无穷无尽。有穷尽的只是社会和人们自身的能力。因此,人们应该积极利用社会现有的条件,以积极的态度去最大限度地开发自己大脑的潜能。
>
>

2. 掌握创新技巧

创新看起来似乎高不可攀,其实,许多创新活动就是一些演变过程,具有一定的技巧。创新技巧多种多样,但任何创新都是在前人基础上的拓展,都是对原来客观事物的一种再创造。

(1)创新技巧。下面介绍几种形式的创新技巧。

第七章 中职生创业意识的培养

❶ 杂交创新	杂交创新就是将不同的事物、材料、方法乃至不同的学科体系通过类似生物学中的杂交而紧密结合，形成你中有我、我中有你、也不是我、也不是你的全新的事物、材料、技术或学科。如飞机技术与船舶技术密切结合，便成了可以两栖运作的水上飞机技术。
❷ 整合创新	整合创新就是通过不同事物（技术、理论）之间开展新的结合、重组、选组、综合等演变而创造出新的结果。
❸ 嫁接创新	嫁接创新是通过把某一领域的原理或方法借用到另一个不同的领域，从而构成技术创新的演变方法。如我国农村改革的成功经验是家庭联产承包制，把它移植到国有企业的改革上，便产生出股份制。
❹ 形态创新	形态创新就是通过事物的形成而创造出新的结果。如日用的雨伞、卷尺、拉杆天线就是把固定式改为折叠式，使人耳目一新。

（2）运用创新技巧的注意事项。在商海中，想要充分发挥创新意识就必须注意以下几个方面：

❶ 以新取胜

现代市场竞争越发激烈，企业须以新取胜，从而争取主动。因此，积极开发新颖的、独特的、出奇的产品或服务，才是制胜之举。20世纪80年代中期，由于电风扇市场销路很好，我国电风扇生产厂家如雨后春笋般纷纷冒了出来。但由于这些新企业多是较弱小的乡镇企业，在与已有多年市场基础的大型企业竞争时很难争得自己的一席之地。长江电扇厂就是一家中型的乡镇企业，独辟蹊径，将经营与生产的重点放在当时并不被大企业所看好的壁扇上，并在壁扇的功能、款式上都做了重大的创新，面对咄咄逼人的大厂，它没有像其他小厂一样盲目地与大厂在价格上竞争，最终依靠自己的壁扇销路带动了整个企业的发展。

❷ 以退为进

在商战中，有时候以退为进也是一种奇胜。迈克尔在原公司辞职后，回到自己所在的社区开办了一家酒吧。在开业初期，迈克尔决定对所有顾客实行一周的啤酒免费。结果，在刚开业的一周内，每天晚上，酒吧都门庭若市，但大部分顾客都只要了免费的啤酒。两三天过去了，迈克尔便倒贴了许多啤酒，店员劝他结束这项措施。迈克尔却说："两三天时间我的预期效果尚未达到。很快，附近的人便会知道这儿有个迈克尔酒吧。"果然，一个星期的免费赠饮期过去以后，许多顾客被这儿的环境与气氛所吸引，仍经常上门光顾。一传十，十传百，邻近几个社区也都有人前来消费。迈克尔达到了他预期的目的。

❸ 以奇制胜

"虚则实之"是奇,"实则虚之"也是奇,"虚则虚之""实则实之"还是奇。在市场竞争中,每个商家都有自己的高招,有积极的竞争,也有消极的竞争,不论方法如何,最重要的目的是——出奇制胜:运用特殊的手段,以"出其不意"的斗争谋略与方法去赢得胜利。善于出奇者要独具慧眼,也就是"知众人之所未知,为众人之所不能为",战胜不复、随机应变、出奇无穷。凭借着高人一等的智慧与眼光,先知先出,那么,胜利的把握自然也就大了。以奇制胜的"奇"是丰富多彩的,没有固定的模式。

新产品赢得市场青睐

坐落在美国加州"硅谷"的"苹果"电脑公司和"休立特·帕卡德"电脑公司的发家史就生动地说明了以新取胜的成功之路。

创办于1976年的"苹果"电脑公司是美国电脑界的后起之秀。当年两个尚未大学毕业的青年学生乔布斯和史蒂芬·奥斯尼雅克,以敢于创新的拼搏精神,在一间简陋的汽车库里精心研究出了一种类似单片机的微型电脑。由于它操作简便,功能良好,售价低廉,小作坊大量生产苹果Ⅰ型和Ⅱ型微电脑。这家小作坊7年后发展成为驰名全球的大公司,跨进了美国最大的500家公司的行列,1983年的营业额达1亿美元。目前这家年轻的电脑公司已发展到拥有6 000多雇员的大公司,创办人都成了百万富翁。

"休立特·帕卡德"电脑公司,当今是一家拥有6万多员工,能生产5 000多种高级电子产品的大公司,在美国电子工业界可谓"超级明星",声誉极高,可1988年时它还是一个名不见经传的"无名小卒"。当年,休立特和帕卡德两位富有创新意识的有为青年,设计出了一种频率振荡器。他们在汽车库里开业时,资金总共只有1 500美元,其中1 000美元从银行贷款得来,500美元是依靠他们的老师特曼教授资助的。由于他们的新产品开发对路,这家小作坊飞快发展,没有多少年就成了有经济实力的企业。

知识点 2 合作意识

一、企业与政府的合作意识

1. 政府的间接管理

在市场经济体制日趋完善的背景下，市场的运行机制及其管理也日趋复杂，这要求政府的相关管理部门加强对市场经济活动的组织，协调彼此独立的生产经营者的活动，避免其盲目性导致的社会经济问题，以实现社会资源的合理配置和利用。所以，对企业进行间接管理是政府对整个经济实行统一管理的一个重要组成部分。

2. 政府与企业建立合作关系

我国的公有制体制是以公有制为主的多种所有制结构，任何一种企业，都必须在政府部门的统一管理下进行生产经营活动，企业和政府部门之间存在不可分离的密切关系。政府的宏观调控和企业的依赖与合作是相辅相成的。虽然，随着经济体制改革的逐步深入，以及市场经济的逐步完善，企业对相关政府部门的依赖程度发生了变化，企业逐步成为相对独立的生产者与经营者，但是政府部门对企业的管理以及对企业的发展具有重大的促进作用。企业的兴旺发达在一定程度上取决于与相关政府部门的密切关系，企业不重视与相关政府部门的关系是不行的。

为了与相关政府部门建立良好的关系，企业应采取主动与其合作的态度，积极取得相关政府部门的理解与支持，主要有两方面内容：首先，主动地向相关政府部门汇报情况，提供资料，让相关政府部门了解企业的发展情况，其次，积极地消除和弱化企业与相关政府部门之间的摩擦与矛盾，这样做可以获得相关政府部门的理解与支持。

二、企业间的适配型合作关系

1. 选择适当的合作伙伴

单一企业一般是无法发集团优势的，只有企业之间联合起来，才能发挥优势，形成资金足、规模大、联系广、功能多、凝聚力强、辐射远等优势，就可以形成规模效益，提高开发能力，增强企业的竞争力。

企业联合时是如何选择合作伙伴的呢？只有选择合适的联合伙伴，才能充分发挥企业的潜力，使联合体形成较大的优势，并得以持久地、稳定地发展。选择合作企业时要注意与本身的相关性，如果不管对方企业是干什么的，甚至是与己风马牛不相及的，盲目联合，联合的意义与效果就会大打折扣。企业要以联合求得生存与发展，就必须正确、合理地选择自己的合作伙伴，这也是企业联合的关键所在。

讨论

合作的基本条件有哪些？

2. 民主平等、互助互补的合作关系

（1）民主平等。联合不是一家企业的行为，而是两家或更多企业的共同行为，每个企业都要通过联合得到一定的利益，取得一定的效果。合作企业确定后，要保持平等的联合协作关系以及民主协商的管理方式。具体要注意三点：首先，联合企业之间应是兄弟式的平等的经济协作关系，各联营的企业不论大小，都是平起平坐的。切不可因为自己资金雄厚，产品牌子响，就处处以"老大"自居，看不起与自己联合的企业；其次，联合企业应讲求民主平等的原则，不能搞"君臣父子"式的关系。只有这样，联合体才会有整体的凝聚力，每个企业才可能积极主动地为联合体贡献自己的一分力量；最后，民主平等并不等于没有核心，联合体中的企业总得有主体，而且总得有几种龙头产品。

（2）互助互补。如果企业加入联合体后在生产、销售上都与往常一样，这样的联合是失败的。而且，联合企业之间应该"有难同当，有福同享"。所以，互相需要是联合的前提，相互满足是联合的真谛，共同发展是联合的最终目的。联合为企业与企业之间架起了一座桥梁，应为各企业生产经营条件的完善、补充和提高创造条件。核心企业可凭借其优势，对其他企业给予一定的扶持和指导。这样有利于在民主中寻找集中，而不致各家企业自行其是、盲目发展。

三、寻求企业内部合作气氛

主管人员和员工组成了企业的人员主体，从这点出发，企业内部则存在三种关系：主管人员之间的关系、员工之间的关系以及主管人员与员工之间的关系。企业要发展，企业内部须团结，也就是这三种关系须紧密团结。要知道环境如何都只能是外界的影响因素，只有人，才是企业发展的决定性因素。人拥有技术和知识，可以将其充分运用在企业中。

企业需善用人才，协调他们之间的关系，靠集体的力量产生"增力效应"。上下同心，方有企业的发展。

1. 加强部门主管人员之间的协作

主管人员之间毫无嫌隙，齐心协力为整个企业的发展出谋划策，形成团结的气氛，势必会起到良好的带头作用。企业的主管人员作为企业的领导和中坚，必须首先做到团结，在全体员工面前做出表率。可以说，主管人员的"和"在企业员工中起着潜移默化的作用。如果主管人员之间明争暗斗，或者每个主管人员都想大权独揽、独断专行，就无法调动员工的积极性，也无法充分发挥群体的智慧，会给企业造成巨大的损失。企业主管的言行，可以说深刻地影响着员工。企业员工也会以主管人员为榜样，在整个企业中树立起团结的风气。

2. 凝聚员工的向心力

在当前竞争日益激烈的知识经济时代，企业要想获得大的发展，内部必须团结一致，加强凝聚力，发挥群体的智慧与功能。员工是企业中的一个主要群体，在群体活动效率中，既可产生"正向作用"，也可产生"负向作用"。若员工都为共同的目标而奋斗，则这个群体的智慧与功能就会增强；倘若员工为了个人的私利而不顾他人利益，群体就会变得混乱复杂，群体的智慧和功能就会减弱。作为上层领导者，要尽量地调动和发挥员工群体的"正向作用"，弱化和消除"负向作用"。

3. 协调主管与员工的合作

企业主管进行管理，员工负责执行。企业主管与员工两者似乎是一个管、一个被管的两个阶层。事实证明，员工不应无条件地服从上级的管理，而应是上下级之间的和谐共事。这样管理者与被管理者之间才能同心同德，团结一致，才能促进企业的发展，才能维持企业的秩序，为实现企业的目标而奋斗。

你知道吗

在生活中锻炼学生的合作意识

在体育教学中人与人之间发生着频繁的合作，一场球赛，一个游戏，一次接力跑，如果同伴间没有合作意识，就很难取得胜利。合作意识的培养，要紧密结合教学的内容，提出具体的要求。例如在集体项目的比赛中，让学生懂得谁上场，谁替换，替换谁都要以实现最高目标为准则。一场比赛的胜利，除场上队员的个人技术、技能的充分发挥外，主要是同伴间的相互配合，特别是少数技术好的学生，更应教育他们与同伴要相互配合，切忌单斗。比赛中，由于各种原因，队友发挥失常或出现失误都是难免的，这种情况下，队员间更要相互谅解、鼓励与支持，切忌埋怨、责备。使学生认识到，人与人之间只有良好的合作，才能相处得更融洽、亲和，取得成功的机会也更大。

现在的青年学生，大多是独生子女，习惯了以"我"为中心，唯我独尊。常以放大镜看别人的缺点和自己的优点，这是他们走向社会、走向成功的主要障碍之一。但合作意识很难通过讲座或讨论的形式得到培养。它需要通过某种活动，通过人与人的交往过程，通过共同完成任务和对各种结果的经历，以及成果的分享和责任的共同承担的关系去培养，体育教学就是培养学生合作的有效途径。

合作是为了共同的目的一起工作或共同完成某项任务。合作一般包含两方面内容：一是与外部单位的合作，创业者在创业活动中要有长远打算；二是与内部员工的合作，不要斤斤计较，在利益分配上要公平、合理，学会与人交流，加强与合作者情感上的沟通，切不可有居高临下的姿态，更不能在外人眼里留下"见利忘义"的不良印象，否则，会影响事业的进一步发展。

四、企业与科教机构的合作共赢

企业要想发展，要想聚积人才，要想在竞争中取得优势地位，就必须认识到科技、教育对企业发展的重要性。与科教界积极合作，可以极大地提高一个企业生产者的智力素质和技术素质，促进生产力的进步；可以迅速将科技成果转化为生产力，形成新的产业，促进经济的飞速发展；可以迅速地提高企业的管理水平，大幅度提高劳动生产率。企业与科教机构的合作形式主要有：企业同科研单位、高等院校联合，建立稳定的科研、设计、生产联合体，共同负责人才培养、科研以及产品与技术的开发工作等。企业与科教界的关系

第七章 中职生创业意识的培养

实际是建立在一种广义的交换基础上的。双方的合作与联系首先是为了各自的发展，而这种发展又反过来推动了对方的发展与进步。

企业应采取多种形式与方法加强与科教界的合作，相互依存、相互促进。这样有利于企业吸引人才、选择人才、广招人才，为企业的发展储备人才资源。具体来说，企业可以同高级科研机构"联姻"，积极主动地携手进入技术市场，促进科技成果结晶化；企业还可以根据自身的需要，积极向教育、科研事业投资，促进教育、科研事业的发展。另外，企业还可以积极地创造条件，为科研单位提供开发试验基地，为职业院校提供学生实习基地和就业岗位。

知识点 3 敬业意识

一、敬业的内涵

敬业，是一种高尚的品德，是人们对自己所从事的职业充满着热爱、珍惜和敬重，不惜忘我地为之付出和奉献，从而获得一种荣誉感和成就感的思想品质。敬业意识强，体现了一种事业追求和思想境界，体现了一种勤恳态度和精神风貌，更体现了一种可贵的事业心和责任感。敬业是个崇高的字眼，敬业的原动力就是责任，责任重如山，时刻牢记肩上的重任，以求实为本，以落实为责，自觉地在本职工作岗位上勤奋工作，兢兢业业地创造一流的工作业绩。

创业者要想创业成功，必须把远大的理想与脚踏实地的敬业精神结合起来。敬业是事业取得成功的关键，缺乏志向和理想的实干是蛮干，不可能走上理想之路。而离开了脚踏实地的敬业精神，志向和理想也只能是空喊，理想将成空想。创业成功的秘诀在于坚韧不拔的敬业精神。

二、敬业意识的培养

树立起良好的敬业精神需要从以下四个方面进行培养和实践，加强自我省查和激励，为创业目标而努力。

1. 勤奋是创业的根本动力

志向、理想总是同美好的未来相联系的，它只是对美好未来可能性的构想、预想和向往，只是可能性，不是现实性。崇高的志向和远大的理想只是联系幸福的一张名片，勤奋才是实现幸福的途径。它不同于空想和幻想，它是建立在客观规律性基础上的可能性，可能性要转化为现实性的关键在于要有条件。所以，勤奋是远大理想向现实转化的根本条件，是崇高志向实现转化的根本途径。

成功是否在于天才？其实天才与勤奋是不可分的。我们承认人们的天赋有别，但能够成为天才，关键在于勤奋。赞赏一个人的天才和聪明时，首先应该赞赏他的勤奋，因为没有勤奋就没有成功，要成功就要变得勤奋起来。勤能补拙，无论天资如何，只要勤奋学习和工作，就都能成为社会的人才。

2. 坚韧不拔的毅力是创业的基础

敬业是成功的灯塔，而坚持就是成功的奠基石。雷锋同志说："人的生命是有限的，而为人民服务是无限的。"各行各业都涌现了许多敬业的先锋和楷模，如王进喜、焦裕禄、钱学森等，他们在不同的岗位上，做出了许多不寻常的贡献，正是因为他们都有着坚韧不拔的毅力。创业的路上充满荆棘，只有成为一棵在狂风暴雨中挺立的青松，在逆境中奋起的赶路人，在攀登高峰征途上的排头兵才能拥抱成功。只有懦夫才会被困难吓倒。每一个人的内心都有无限的潜能，但必须知道它在哪里，并坚持使用它，否则毫无价值。世界著名的大提琴演奏家帕柏罗卡沙成名之后，仍然每天练习 6 小时，有人问他为什么还要这么努力，他的回答是："我认为我正在进步之中。"任何一位推销经理都告诉你，每一个"不"的回答都使你越来越接近"是"的目标。

> **讨 论**
>
> 请列举一些敬业意识非常强的人的先进事迹。

我们都知道大发明家爱迪生的事例，他一生并没有读过多少书，每一项发明都经过千百次的实验最后才获得成功。因此，他深有感触地说：成功，1% 靠天才，99% 靠汗水。据说，有一次一位年轻的记者问爱迪生："你目前的发明曾失败过 1 万次，你对此有何感想？"爱迪生回答说："年轻人，因为人生的旅程十分漫长，所以，我告诉你一个对未来很有帮助的启示。我并没有失败过 1 万次，只是发现了 1 万种行不通的方法。"爱迪生估计他发明电灯时，共做了 14 000 次以上的实验，他发现许多方法行不通，但还是继续做下去，直到发现了一种可行的方法为止。他证实了毅力与成功是分不开的。所以我们只有靠努力才能把握伟大的工作。只要你不懈地工作，充分发挥技巧与才能，成功的一天终会到来。

第七章　中职生创业意识的培养

3. 艰苦奋斗是创业的保证

（1）**强健的体魄与吃苦耐劳**。创业者必须做好身体上吃苦的准备。能够承受身体上和心理上的劳困和压力是创业者创业的基本条件之一。创业者虽有独立支配时间的自由，但实际上往往是整日没有休息地奔波劳顿。同时，由于条件简陋，创业者需要风里来雨里去，起早贪黑，顶严寒冒酷暑地劳作，甚至好长时间吃不上一顿像样的饭，睡不上一个完整的觉。

（2）**健康的心态与压力承受**。其次，创业的艰苦，不只是身体上的劳作和痛苦，更多的是精神上的煎熬，精神上的压力往往更令人痛苦。创业者要承受的精神压力是巨大的、痛苦的。要想创业成功，必须付出超人的辛苦和承受超常的精神压力。如果在这方面没有足够的心理准备，就有可能由于受不了艰苦而放弃，或承受不住压力而崩溃。

（3）**放下"面子"与无畏精神**。作为创业者必须设法转移低落的情绪，克服烦躁感，始终保持清醒的头脑，不被琐事拖垮；要勇于放下"面子"，才能勇往直前。创业者时时感到责任的困扰，面临失败的压力，这对创业者来讲，是十分孤独和无助的感觉，独立创业者更是要对企业成败、个人命运负全部责任，一切都要自己去分析、把握。有时，由于行业特点，容易遭别人的嘲讽、鄙视或由于自己心理作怪，会产生负面心理影响，从而阻碍事业发展。

同时，创业者还要习惯于做自己不喜欢做的事情，如对消费者的过分迁就，对供应商、债主，甚至对雇员的客气，这些都可能会是创业者自己感到身心疲惫的主要原因。

4. 节俭是创业发展壮大的不变操守

（1）**节俭守业**。节俭守业包含的内容有以下两方面：

❶ 控制成本	在经营与管理中，要尽量压缩一切不必要的开支，严格控制成本。成本费用管理的总体要求是严格成本管理，合理控制开支，努力降低成本，减少不必要的费用支出以提高经济效益。
❷ 收支分配	在利润分配中，要处理好积累与消费的关系，也就是挣了钱，有多少可以用于创业者个人消费，有多少应该用于扩大再生产。

作为一个企业，要想生存下来，不断发展，除了要做到价廉物美、服务优良外，还必须厉行节约，压缩不必要的支出，制止一切奢侈浪费的行为，创业初期尤应如此。市场经济从某种意义上来讲，就是买方市场经济。赚钱会越来越难，可以说我国现阶段已进入微利时代。不注意节省开支，收入再多也支撑不住，多大的基业也会搞垮。微利时代需要经营者树立理性经营观念。不注意开支，就势必增加成本，失去价格优势，在竞争中处于不利地位。我国经济领域中奢侈浪费的现象是十分严重的。但国外的企业，尤其是大企业，实力比我国的企业强得多，却十分注重节俭，注意从点点滴滴节约开支。当然，我们所说

的节俭是指节约一切能够节省的开支,而凡是有利于促进生产经营发展的钱都是必须花的,而不是无限制地压缩费用。

（2）居安思危。作为创业者必须时时警惕,时时树立"创业难,守业更难"的意识。创造的利润中的一部分用来改善创业者的生活条件是应该的,这也是起初创业的目的之一。但有雄心的创业者绝不应安于享受,而应将利润的大部分作为资本积累,投入扩大再生产中,以使创业事业能取得更大的成功。有不少创业者在创业初期能卧薪尝胆、忍辱负重、艰辛创业,但是一有成就时就忘乎所以,为了摆阔、争面子而肆意挥霍,甚至沾染了不良习气,造成"兴也快、败也快"的结局。

你知道吗

节俭守业的浙商

在浙江商界流行着这样一句话：不去赚太好赚的钱。大多数浙商都是通过再三地降低成本再低成本来赚钱的,这对那些大钱赚不来、小钱不想赚的人和只知享受、做梦赚钱的人来说是一面最好的镜子!

浙江001电子集团董事长项青松戴的手表才68元,平常穿着的衣服也不过几十元。鲁冠球对自己的要求是：不请客吃饭,不在外面过夜。

飞跃集团董事长邱继宝一家人至今仍住在公司的仓库里,这似乎很难想象,也似乎不太符合情理。可邱继宝却认为："年轻时为了赚钱糊口,我用自行车送客,还在东北补了3年鞋。而现在呢?钱对于我来说只是一个符号,一个数字,没有任何其他的意义。我将自己所有的心思放在了早日建成世界级优秀缝纫机制造企业上,根本没时间去想什么物质享受。吃饭只不过是为了填饱肚子,睡觉也不过是为了补充精力。在这点上,穷人富人都一样。"

"白天当老板,晚上睡地板",这句话是对众多浙江老板们真实生活的描述。

第七章　中职生创业意识的培养

知识点 4　信誉意识

一、信誉的内涵

信誉是指企业商家的信用和名声。任何经营者丧失了信誉，也就丧失了存在的基础。良好的信誉可以给经营者带来直接的经济效益。得之不易，失之容易，失而复得绝非易事。市场的激烈竞争，不仅体现在商品品种、质量、价格等方面，而且还体现在信誉方面。从某种意义上说，信誉是经营者的商标，是经营者的生命。信誉在市场上有不可抵御的竞争力，在消费者心目中有着强大的吸引力。

信誉，是做人立足社会的根本。有信誉，就有了一个好的起点，别人与你可能相互更信任，更易合作。同时，信誉也是做生意占领市场的资本。忽视了信誉，事业很难有较大的拓展。依靠假冒伪劣、缺斤短两等手段经营企业，不守信用，可能一时赚了钱，但终将会搬起石头砸自己的脚，甚至可能会造成更严重的危害。

因此，作为创业者应该树立信誉意识，从点滴小事做起，使事业长久发展。

二、培养守信的理念

创业过程中可以从以下几点出发，坚持强化守信理念，为企业和个人树立良好信誉：

1. 以诚为本

合作伙伴间的合作信任是事业稳固的基础。诚实信用，就是对合作伙伴、客户、供应商，甚至竞争对手都能以诚相待，友好相处。对客户和消费者坦诚，不欺骗，可以树立良好的口碑，更能留住老顾客，引来新顾客。相互猜疑只会造成合作破裂，双方受损。对供应商守信，有助于建立彼此间友好协作的关系，

讨论

守信是不是给人一种安全感？

取得事业上的双赢。对于竞争对手，在其困难时主动伸出手拉一把，可以化干戈为玉帛，变对手为朋友。甚至，在一时出了差错时，同样可以树立良好的信誉，只要仍以诚意相待，不仅可以挽回损失，还能化被动为主动。

当然，以诚相待并不是事事都要向别人公开，必要的商业秘密还是要保守的。诚实信用还可以引申出透明营销，即将过程公开，让顾客真放心，诚信为本，应是发自内心地为他人考虑，设身处地去考虑问题。如果当面一套，背后一套，名诚实骗，则名声会越来越差。

2. 持之以恒

（1）**注重积累效应。** 要真正树立用户第一、消费者至上的观念，应从小事做起，从每一个细节为顾客着想，给顾客以直接的方便，征服顾客的心灵。信誉不是一时的轰动或采取一些临时的优惠措施所能达到的，树立良好的信誉，需要长期不懈的努力，任何失误都可能使努力功亏一篑。

（2）**善于长远规划。** 做生意，办企业，应脚踏实地，一步一个脚印地稳稳推进。经营者应该用辩证的观点看待眼前利益和长远利益的关系，应有长远眼光，不要过分计较眼前的经济效益。那种急功近利、急于求成，企图一下子就大赚的做法，反而会在急促中丢掉市场。创业初期，创业者为打开市场，应恪守信用，诚实经营，不能在坚持一段时间之后就有所放松，为了追逐利益而忘了信誉。有时候，眼前吃了亏或赔了钱，但树立了信誉，可以引来更多的客户，从长远讲，还是完全合算的。

"吃亏"是福

陈庆宝是江苏海门市一个拖拉机运输户。由于搞运输的人太多，他的活儿时有时无，时忙时闲，钱赚得挺难。后来他从免费服务广告中受到启示，决定搞免费借用建房模板。他发现，农民建房用模板，买吧，用一次也就完事了，租吧，每天要花几十元，都不合适。免费借用模板，肯定大受欢迎。于是，他果断投入3 000多元，从模板厂买回建房用的各种钢模板，免费借用。从生意角度讲，他已先赔了3 000元。待他发了借用广告后，建房户纷纷找上门来，争先恐后地借用模板。由于免费使用模板，建房户总感到欠了人情，反正得找人运输建筑材料，就顺水还个人情，于是将拉运砂石、砖、水泥等业务全包给了陈庆宝。结果，别人家的拖拉机闲置在家，而他家的拖拉机却忙个不停。

看来生意场上，有时"吃亏"也是福。

第七章　中职生创业意识的培养

3. 力创名牌

目前我国正进入品牌竞争的时代，信誉好的商家由于提供的商品质量稳定而深受消费者欢迎，树立品牌经营意识是成功创业者的长远发展战略。现阶段我国正处于经济转型期，市场中商品的质量参差不齐，假冒伪劣现象还比较普遍。对消费者来说，如何鉴别商品质量的优劣成为消费者的负担，消费者在消费过程中反而要承担不小的风险。生产厂家和销售商家信誉的好坏往往成为消费者辨别商品质量的重要参考。良好的市场秩序正逐步建立和完善，促使企业创造质量稳定、优良的名牌商品，从而为消费者创造良好消费市场。

（1）**从小做起**。不要把创名牌看作只是大企业、高档产品的事情。创业者从创业初期就要考虑争创名牌。小商品、小企业也照样可以创名牌。在台湾，有一家企业创立了茶叶蛋品牌，年销茶叶蛋高达 3 000 多万个，真正把生意做大了。诸如北京的"王致和"酱菜、天津的"狗不理"包子等老字号以及东北的"老高太太"冰糖葫芦等新品牌，都是从不起眼的商品做起。

（2）**质量保证**。销售的每一件商品无论大小，也不论是否是名牌商品都应保证质量，真正成为消费者回避购物风险的屏障。作为生产者，应当努力创出名牌商品。但要注意的是，名牌并不代表高档，而是体现在质量优、稳定和技术上能不断创新。作为销售者，也要创销售名牌。这里不是讲要销售名牌商品，而是要严把进货关，为消费者提供质优价廉的商品。

（3）**商标注册**。按规定，只有在国家商标局注册的商标，法律才会依法保护其专有权，不注册的商标，法律不予保护。有志创名牌的创业者，还应当做好商标的注册工作。商品的生产者、从事商品销售的商家和服务性企业都可以依法注册商标，用法律武器维护自己的声誉。另外，商标注册实行注册在先原则，即谁先注册谁就取得该商标的专用权。因此，以防被人抢注而遭受不必要的损失，创业者应及时将所用商标注册。

4. 信誉特色

以信誉为特色，要求提高企业整体的服务水平，从每个细节着手，持之以恒，长期不懈地赢得市场信誉。企业信誉是竞争的立足点，是开拓市场并长期占领市场的重要条件。不能为一时小利而损害企业的信誉，即使是采取低价、降价等销售方法也绝不能以损害企业信誉为代价。

信誉与品牌

  在宁夏回族自治区同心县，绒毛产业多年来一直是该县的支柱产业。在发展过程中，绒毛产业的起起落落，留给人们的教训是深刻的。

  同心县绒毛产业始于 1982 年。凭借改革开放的东风，靠着西北人吃苦耐劳的精神和抢抓机遇的意识，同心人把绒毛生意做了起来，被誉为当时国内绒毛产业的"半壁江山"。1988 年，同心县的绒毛产业步入鼎盛阶段，全县参与绒毛经营的多达 1 万余人，绒毛吞吐量高达 2000 余吨，成为全国最大的绒毛集散地。绒毛产业上缴税金百万元以上，靠此项产业完成县财政 50% 以上的收入。经营者喜上眉梢，管理部门信心百倍。也就在这一年，宁夏回族自治区将同心县确定为自治区第一个商品流通试验区，给予优惠政策，进一步扶持基础较好的绒毛产业。

  就在同心人为绒毛产业的红火局面欣喜不已时，却不知道危险业已降临。在高额利润的诱惑下，一些经营者掺杂使假、知假卖假，使同心县绒毛产品在市场上的信誉度大打折扣。当同心人发觉客商稀少、势头不妙意欲改弦易辙时，市场已不给其机会。同心绒毛业就像大海汹涌波涛上的一叶扁舟，陷入苦苦的挣扎之中。至 1997 年，绒毛产业上缴税金仅为 11 万元，相当于最高年份的 6.3%，90% 以上的绒毛经营户严重亏损，欲哭无泪。教训在哪里？如果用"赔钱买教训"来形容同心绒毛产业的话，付出的代价未免太大了，它对同心绒毛业的打击几乎是致命的。痛定思痛，究其原因，同心县没有营造好绒毛产业的软硬环境，在市场大潮的冲击下，经营者缺乏绒毛市场的信誉和品牌意识。县政府的一位负责同志说，在绒毛产业发展过程中，政府支持力度不够，对外来客商不仅没有优惠，反而出现一些不良现象造成市场环境恶化。一些经营者认为，同心绒毛市场建设初期，由于缺乏有效的引导和组织，使全县 1 万多名羊绒收购和流通大军始终处于无序的自由贸易状态。再加上贷款难的问题，使绒毛加工企业迟迟发展不起来。重振雄风待何时，面对绒毛产业的萎靡不振，同心县人不气馁。1999 年，在对国际、国内绒毛市场重新研究后，同心人开始了第三次重振同心绒毛业的行动。县里制定优惠政策并注入了 8 000 万元资金给予扶持。

  到 2002 年，同心县的绒毛加工企业已发展到 38 家，周转资金 5 亿元。其中

第七章　中职生创业意识的培养

年产值 5 000 万元的企业 1 家,产值 1 000 万~3 000 万元的企业 11 家。绒毛协会有会员 400 多人,全县参与绒毛经营的人员过万人,年购销羊绒 5 000 吨,年实现利税 1.2 亿元,绒毛业对县财政的贡献提高到全部财政的 1/3,初步形成以羊绒协会为纽带,以生海、润特、德海、双维等绒毛公司为龙头,辐射千家万户的绒毛营销、加工体系。

1. 请问创新意识主要包括哪几方面内容?
2. 在运用创新技巧时应注意哪些问题?
3. 在创业过程中应在哪些方面注重合作意识?
4. 敬业精神主要体现在哪些方面?
5. 在创业过程中,要树立良好信誉应从哪些方面做起?

第八章 创业设计模拟分析与实践

◀ 教学目标

创业设计大赛是当今校园进行创业教育的一种重要体现形式,让创业教育从一种略显空洞的说教转变为一种可以触摸的实践状态。通过本章的学习,学生能充分感受模拟的创业环境,体验创业的快乐和激情。

◀ 教学要求

认知:了解创业设计大赛的发展情况,理解创业实践对于学生未来创业成功的重要性。

情感和态度:让创业从书本上的模式转变为实际,学生应注重体会创业的对个人成长和对社会的意义。

运用:从以往各院校开展的创业设计大赛中学习经验,通过实践掌握创业所需的基本要素和能力。

第八章 创业设计模拟分析与实践

知识点 1 创业设计大赛概况

创业设计大赛是借用风险投资的实际运作模式,要求参赛者组成一种优势互补的竞赛小组,以提出一个具有市场前景的技术产品或服务项目为任务,围绕这一产品或服务项目任务,以获得风险投资家的投资为目的,进行一份完整的、具体的和深入的商业计划的完成和实现。

一、国外的创业设计大赛

创业设计大赛在国外已逐步形成成熟的体系和模式,例如在美国德克萨斯,1983年由州立大学奥斯汀分校的两名 MBA 学生第一次发起了创业设计大赛,他们的目标就瞄准了校园之外的市场,并在美国成功地举办了世界上第一个商业设计竞赛,这构成了美国乃至世界范围内商业设计竞赛的起源。由此可知,创业设计大赛是要求参赛者组成优势互补的竞赛小组,提出一项具有市场前景的产品或服务项目,并围绕这一产品或服务项目策划一份符合市场规律、可以实际运行的商业计划。

创业设计活动已经成为经济持续增长和创新的主要推动力之一。蓬勃兴起的创业设计竞赛得到了世界范围内的广泛关注,越来越多的国家政府、企业和个人意图通过此项竞赛而寻求经济持续增长的源泉。

> **你知道吗**
>
> **美国的创业设计竞赛**
>
> 至今,美国已经有三十多所高校在举办这种商业设计竞赛。在美国各大院校的风险投资、教授入股、股票期权等经济操作模式也深深地影响了大学的教学与科研,且举行创业设计大赛以来的几十年间,出现了无数学子创业成功的故事。

如 MIT（美国麻省理工学院）、Stanford（美国斯坦福大学）、Harvard（哈佛大学）等著名高校纷纷创办了自己的商业设计竞赛。其中以 MIT 的商业设计竞赛最为成功，该校毕业生和教师已经创办了 4 000 多家公司，美国波士顿银行的一份研究报告指出，如果把这些公司视为一个独立的国家，那么，仅在 1994 年，它的全球销售额就达到了 2 320 亿美元，经济实力在当时排名世界第 24 位。实际上，Yahoo！、Excite、Netseape 等公司就是在 Stanford 校园的创业氛围中诞生的，并且有相当数量的创业设计和创业团队被附近的高新技术企业以上百万美元的价格买走。这些由创业设计赛直接孵化出来的企业中，有的在短短几年内就成长为年营业额数十亿美元的大公司。如果我们把硅谷的上万家公司视为一个国家的话，它的经济实力恐怕要进入世界前十强。

MIT 五万美金创业设计竞赛迄今为止已经成功举办逾十年，MIT 的创业设计竞赛吸引了一大批优秀的基金投资家、风险投资家、律师事务所、会计师事务所、咨询公司来参与他们的活动，这其中有许多投资和项目买卖的成交都直接与这些公司有密切的关系。在 1997 年度的竞赛中就有 7 家公司从中诞生。更有许多成熟的商业计划被附近的高新技术公司以高价买走。同时，MIT 五万美金创业设计竞赛也为类似 Intel、Microsoft、Amazon.COB 等其他知名企业提供了优秀的人才。从某种意义上说，美国高校的创业设计竞赛活动已经成为知识经济时代美国经济的直接驱动力量之一。

二、我国的创业设计大赛发展历程

在我国，自 1998 年清华学生首次举办创业设计大赛以来，不到两年的时间，中国的创业设计大赛已由星星之火形成燎原之势，而且结出了累累硕果。一系列创业设计大赛的成功举办在社会上引起了强烈的反响，包括美国《时代》周刊、香港《大公报》、中国中央电视台、《中国教育》报在内的近 60 家国内外媒体对各项赛事都进行了广泛而深入的报道。

1. 1998 年清华大学

清华信息学院举办的软件大赛和第一届清华学生创业设计大赛上，以姜晓丹为首的项目研究小组所开发的研究作品获得了一等奖，由于开发的项目具有较好的市场前景，他们不愿就此止步，凑齐了 10 人，共筹集资金 50 万元，于 1988 年 8 月创办 "北京慧点科技有限公司"。

第八章 创业设计模拟分析与实践

在1999年第二届清华学生创业设计大赛中，出现了一匹腾空而起的"野马"：由清华材料系96级本科生邱虹云设计的"多媒体大屏幕投影电视"，得到了上海第一百货股份有限公司5250万元的巨额风险投资。大赛刚刚落幕，250万元初期投入资金即迅速到位，负责开发这一产品的视美乐科技发展有限公司应运而生，继续在校读书的邱虹云担任公司的总工程师，刚刚毕业于自动化系的95级本科生王科担任

总经理。当时，多媒体大屏幕投影电视属于填补国内空白的产品，在教育、商业、医疗、娱乐、军事等领域均有广泛的用途，但要把一项实验室里的技术变成具有市场竞争力的真正产品，对一个"初生牛犊"的学生公司来讲，可谓任重道远。王科说，视美乐公司将发挥团队协作制胜的精神，力争早日实现自己的梦想。

2. 1999年北京大学

1999年初，北京大学举行了首届学生创业设计大赛，得到了同学们的热烈支持与响应，"创业"这一字眼如同一缕春风吹遍了燕园的每个角落。在全校师生的广泛关注下，一个个活力四射的创业小组带着他们优秀的创意和对未来的执着，扬帆起航，开始了他们极富挑战的创业历程。在这届创业设计大赛中，涌现出了"存真堂""WTO节能乳化油""家居2000""赛夫心理测评中心"和"农友信息网"五支优秀的创业团队，成为北京大学学生创业活动中的领军人物。

3. 2000年全国"挑战杯"

2000年1月18日"挑战杯"和讯网首届中国大学生创业设计竞赛决赛，在清华大学落下帷幕。历时近一年的首届中国大学生创业设计竞赛，是由团中央、中国科协、全国学联主办，清华大学承办的，而且此次决赛活动也将大学生创业设计竞赛活动提到了一个新的高潮。此次竞赛活动坚持育人宗旨，引导大学生在业学习和课外学术科技创作基础上，

177

围绕一项具有市场潜力的产品或服务，组成优势互补的创业小组，形成规范系统、具有可操作性和说服力的商业计划，通过参加培训和比赛，不断完善项目设计，吸引风险投资介入，进而催生高新科技创业公司的实践活动。

参加此活动的高校有 162 所，范围涉及 22 个省，共收到 416 件创业设计作品。经过校级和省级的层层筛选，最后，选出了 30 件作品参加首届中国大学生创业设计竞赛总决赛。其中清华大学 FANSO 创业设计小组等 10 个创业小组夺得金奖，山东大学岚剑商业设计创业小组等 20 个创业小组获得银奖。在 2000 年 1 月 17 日的成果签约会上，5 件创业设计作品与企业签订了合作开发协议，还有一些作品在决赛前即被企业看重，并在管理、资金、技术设备等方面进行了广泛而具体的合作。

讨论

请列举出最近两年有重大影响的设计大赛，且与同学们分享。

4．"e 商公司"

2000 年 4 月，首届首都高校大学生创业设计大赛拉开帷幕。北大学子再接再厉，由薛涧坡同学带队的"e 商公司"等 4 支代表队获得了一个一等奖，两个二等奖，一个三等奖的好成绩，团体总分名列前茅。2000 年 11 月，在第二届"挑战杯"万维投资中国大学生创业设计大赛中，由代克化同学带队的高科技复合饲料项目创业团队又喜获银奖。

创业设计大赛已经走过了数个年头，在这样的一股大潮中，涌现出了无数的弄潮儿。中国需要更多的创业者，中国的未来将属于这些勇于创新的人！

三、举办创业设计比赛的重要意义

在校园里举行创业设计大赛，是与国际接轨的培养学生创新素质和创新能力的有效途径。部分学生以自己的科技成果投身于创业实践，更是对科技成果产业化做了进一步的推动。同时，创业设计大赛也为教师、学生提供了新鲜的案例和面向实际的途径，促进了教学方法的改革，更新了教育理念。学业是基础，创业是深化，通过参加创业设计比赛既可以锻炼学生应用知识的能力，又可以训练学生对某一项目的整体规划能力。创业设计比赛的目的不在于比赛的结果，而在于最终所形成的产品。

任何投资项目都要看有没有收益，评判的原则一是看创业的团队组成；二是项目前景，即有没有利润；三是看技术的可行性。其具体意义如下：

第八章　创业设计模拟分析与实践

1. 获取创业知识，提高综合素质

参赛者在创作创业设计过程中，通过大赛提供的系统培训，参赛者之间的学习与交流，可以全面地接受创业者所应具备的知识和相关技能。参赛者通过参加创业设计竞赛，可以获得对产品或服务项目从设想到变为现实的全局把握训练。同时，在完成商业设计的过程中，也培养了自己应用知识的能力、创新能力、沟通能力、说服能力和组织能力等。此外，在接受挑战的过程中，还增强了创业的勇气、信心和能力。

2. 建立创业媒体网络，交流思想

中央电视台、《中国青年报》、《北京青年报》、《中国教育报》等新闻媒体都对创业设计大赛做了深入报道。投入实际运作项目的参赛小组将受到新闻媒体的关注，获得向社会推荐自己和产品整体形象的难得机会，因此，作为参赛者有机会为未来创业获得良好的媒体关系。优秀参赛队将获得在今后各项更高等级的创业设计大赛中与来自其他各高校的优秀团队进一步交流与学习的机会。各个团队可以在这些交流活动中集思广益，开阔思路。

3. 建立创业商业关系网，结识创业合作伙伴

参赛者通过比赛，可以结识风险投资家。国内外风险投资家对创业设计大赛具有浓厚的兴趣，将对具有实际运作价值的作品，进行投资可行性分析。参赛者可以向风险投资家充分展现自己的产品或服务项目的巨大市场前景，为进一步创业赢得资金。同时，参赛者还将结识商界和法律界人士，为将来创业建立良好的创业关系网络。参赛者通过比赛，可以结识未来创业的合作伙伴。参赛小组的成员将最有可能在将来形成创业合作关系，开拓创业成功的事业。

4. 体验团队精神

参赛者将有机会加入一个充满智慧与活力的小组，与小组伙伴携起手来，接受挑战。参赛者将体验到团体中相互激励的力量和交流中灵感火花的跳跃，以及成功时分享的喜悦。在这一过程中，参赛者会感受团队精神的力量，这将是一种全新的体验。

5. 获得校方和风险投资商支持

各校对创业设计大赛很重视，给予大力支持，并组成大赛评委会，确保大赛顺利进行。风险投资商都对大学生创业设计大赛高度关注，也非常愿意担任创业设计大赛的评委。

创业是最好的就业

杨斌毕业于河北省一所中等职业学校。起初,也曾为就业、创业发愁。经过在社会上磕磕绊绊、反复考虑,他觉得还是自己干最有把握。"我想开一个家电维修部试试",他把自己的想法告诉父母,得到了父母的大力支持,维修部很快办起来了。凭着在学校所学的家电维修技术、便宜的价格和认真负责的态度,他渐渐地打开了局面。他起早贪黑,经过一年的艰辛劳动,积攒了第一笔钱。

虽然小有成就,可他还是觉得经验不足,于是决定到南方闯一闯。他投奔到海南一个老乡所在的某电子实业公司,正赶上该公司价值几万元的电子设备坏了,无人敢修。他决定试一试。经过检查,他确定只是坏了一个小电阻。公司老板当场拍板:"如果真如你所说,修好了这台设备,你就可以到公司来上班。"杨斌相信自己的技术,很快买来一个配件换上,果然修好了机器。这样,他凭自己的技能进了公司的工程部,并且由于他的同事都是大学生,从而为自己赢得了一个难得的学习环境。

"为他人打工还不如为自己打工,我立志当一个大老板!"创业之心未泯的他辞别了同乡,重新踏上故土。他利用几年积攒的钱和他所熟悉的沿海地区配件进货渠道,租了个小门脸开始经营家电配件,当起了小老板。一年下来,挣了五万多元。转年他又在当地商业城租了一个大门脸,扩大了经营规模,成了远近闻名的大老板。

他的成功经验告诉我们,创业是最好的就业,而创业意识是中等职业学校毕业生求职、创业,走向成功彼岸的阶梯。

第八章　创业设计模拟分析与实践

知识点 2　创业案例模拟分析

　　创业并不是一个"纸上谈兵"就能深刻理解的话题，需要每个人通过实践才能真正领略到精髓，本节内容主要是为大家提供一些具有典型意义的创业案例，使大家更加直观形象地理解创业的相关内容。在阅读案例的时候应该仔细思索案例的成功之处与不足的地方，认真总结，才能真正对自己的创业产生实际意义。

戴尔的经营策略

1. 建立最好的生意模式

　　"我们的重点是在发展我们的重点。我们在存储器、服务器方面有 11% 的市场份额，我们有最好的生意模式，我们在这方面能有一个好的结果。"

　　戴尔所谓"最好的生意模式"指的是戴尔式的直销模式，他说："我们的核心竞争力是直销，我们的管理风格也是直销。"

　　直销，成为戴尔公司优于竞争对手的唯一解释。但戴尔所说的直销不是人们通常意义上所认为的直销。戴尔说："人们只把目光盯在戴尔公司的直销模式上，其实直销只不过是最后阶段的一种手段，你要掌握好直销的本领，首先就要完全理解直销的含义，然后能很好地对其加以应用。我们真正努力的方向是追求零库存运行模式和为客户量体裁衣定做电脑。由于我们是按订单和客户的要求定做电脑，使我们的库存一年可周转 15 次。相比之下，其他竞争对手，其周转次数还不到戴尔公司的一半。"

181

"在戴尔公司发展的 15 年中，戴尔推动公司集中做的只是两项重要工作：通过一整套为客户度身定做的综合软件、硬件的流程使戴尔公司及其客户降低了成本；通过个性化，使戴尔公司可以为客户提供更高层次的服务。"

"通过戴尔直线订购模式，与那些通过缓慢的间接渠道的公司相比，戴尔公司以更快速度完成了最新相关技术的应用，而戴尔公司的 6 天存货制使其比其他竞争对手保持了低成本，再加上按客户意愿来做电脑，使戴尔公司的发展既有速度，也很有利润。"

戴尔独特的优势则在于他对计算机市场上的直销模式的独特理解。这使得戴尔公司能有着非常独特的一套管理整个价值链的完整流程，即从零部件到供应商直接到最终用户，戴尔始终控制着中间的每一个环节。

"PC 厂商有很多价格的压力，通常情况下都是我们给他们价格上的压力，因为我们有最好的成本结构，我们可以把市场推进。在中国市场要发展的话，PC 成本要降低。"

戴尔公司的直销模式现已在全世界所有的关键市场上开始铺开，"以前大家都说我们直线订购是不灵的，但我们去哪儿都灵，我们有大量的事实能证明。"

2. 让对手学不来

"去年以前，很多竞争对手包括康柏公司在内都开始转向直销模式，但模仿我们的那些公司并没有做得很好，也没能阻止我们的增长。这有点像从打垒球转向打篮球一样，虽然它们都是体育项目，但这两个是完全不同的项目。那些公司从一个系统转到另一个系统，是非常困难的，因为它们的销售原来都依赖于间接渠道，那些公司要走的路还很长。如果一个客户想通过直销买产品的话，会到戴尔来。因为戴尔有着 15 年的直销经验，并且我们首先创造了直线订购的业务模式。同时，我们会不断把自己的业务提高到新水平，而不是停滞不前。比如说我们使用互联网来降低我们的成本，并把销售服务放到网络上，我们每个星期的网上销售额是 3 000 万美元。我们的对手正面临着两难的处境，但是他们不能解决这个两难问题。"

"如果我们看一下世界前 5 大个人电脑公司，而其中至少有 3 家公司处于亏损，或者基本上处于收支平衡的状况。而其中的一家公司即戴尔公司是赢利的。我们的成本结构是我们主要竞争对手的一半，因此我们业务运转的系统不一样，并且我们增长的速度比市场增长的速度要快到 3 至 4 倍。"

像 IBM 这样的大公司在运作个人电脑上有何弱点呢？对此，戴尔分析说："首先，IBM 在 PC 上运作上的成本结构不对、经销渠道也不对。两年前 IBM 在 PC 销售量上与戴尔一样多，但现在戴尔是 IBM 的两倍多，我们在 PC 上盈利 20

第八章　创业设计模拟分析与实践

亿美元，他们却亏损了10亿美元。"

有人问戴尔："戴尔公司何时超过排在他前面的竞争对手——康柏公司？"戴尔说："衡量成功的方法不一样，它也可以通过你的收入来衡量，也可以通过你的利润来衡量，也可以通过你的投资回报来衡量，也可以通过你的客户的忠诚度来衡量。我认为衡量成功最重要的标准并不是用户量而是客户的满意度，戴尔公司在客户满意度上一直走在最前面，它几年来一直是利润最高的；而就市场份额而言，在美国最近一个季度我们第一次超过了康柏，在英国、爱尔兰、瑞典我们都是第一名。除了我们今天取得的业务利润领导地位的成绩以外，在越来越多的国家中，你会看到戴尔公司走到前面。"

3. 慧眼鉴人

在管理上，"我平日很随和，但看到员工总是犯同样错误时，我就会忍不住发火。我愿意重用、并愿意提拔那些个愿意自己找事做，而不是等在那里让人告诉他该怎么去做事情的人。我喜欢那些热情、爱不断学习、对工作充满兴趣、善于自我挑战的人。我也非常重用那些不仅自己能得到发展、同时也能发展其他员工的人，这是我们公司的一个重要的话题。"

在戴尔公司，每位员工都有200股的股票，这种规定不仅适用于美国本土的员工、还包括英国、澳大利亚、日本、中国等各国员工。比如，1999年8月份，在厦门的戴尔员工每个人都得到了200股股票，其成交价格约为每股60美元，而3个月后，戴尔股票猛涨到每股110美元，从而使每一位雇员获得了大约一万美元的账面收益。

"除了在物质上善待员工外，要把员工潜能发挥出来。为此，你就要创造出允许员工成功的一个环境，并给他们提供不断成功的工具，让他们不断学习、成长、犯错误，并关心他们的兴奋点是什么。"

"我们对非常性的挑战非常感兴趣，变化很快、竞争激烈等都是我们的挑战，其中的一个关键性的挑战是保持建立结构组织的成长。去年我们的营收是180亿美元，今年我们的营收猛增到240亿美元，一年当中我们就增长了60亿美元的营收。这是我们自己把公司变成非常了不起的公司。今年我们还要招收很多新员工进来，明年我们也要这样做，所以，这是我们一个非常、非常大的挑战。"

"年轻既有好处，也有坏处，我想在我们的行业当中，我认为保持公司领导一致性、延续性是很有价值的。我领导公司15年，估计还会领导好多年，这实际上能提供了一种持续性和延续性。我见到江泽民主席时，江主席说在他任职10年期间，他有机会见到了11位日本首相。这些年来，我也见到许多竞争对手的 CEO（首席执行官），这些 CEO 跟日本首相更换的速度是一样的。但是，这个行业总是依赖新的想法来繁荣发展的。新想法一般总是由新加入公司的人提出来的。我们必须注意的是我们不应该成为那些大的老公司的一员，我们应该不断地有新的想法。"

4. 精诚赢得客户

有记者问戴尔："在运作公司的整个过程中，对您来说什么是最有价值的？"戴尔脱口说出一个词："Client"（客户），随后戴尔又补充说："当然，每当看到我们企业保持优势因素在不断增加，我会感到很兴奋；每当看到我们的产品质量的不断提高，我会很兴奋；看到我们的人才在不断地成长，我会很兴奋；看到我们的日常运作蓬勃有朝气，我会很兴奋；此外看到我们的执行能力不断地得到提升、我们的结构不断地被优化、我们运作的模式不断取得成功，等等，都会使我感到兴奋异常。"

在戴尔公司的墙壁上挂着一幅戴尔的照片。有人在他头上画了一顶帽子，照片下方潦草地写有一行字："迈克尔要你去赢得客户"。

"按照客户的要求去做"，是戴尔公司的信条，这为戴尔创立了电脑行业中与客户之间的最紧密、也是最令人羡慕的关系。为了明确这一点，1998 年戴尔已将 15% 的资金和利润分成与改善服务挂钩。衡量成功的标准是装运期限、初次安装高度以及修理人员在 24 小时之内抵达客户所在地点。

"在管理上，我们判断员工价值的一个关键之处是：看他们对客户的友好程度，能给客户提供什么样的最好的机会，对其关注的客户都做了些什么。同时我们建立一些良好的沟通机制和奖励机制。"

直销模式让戴尔公司最好地靠近了客户，尤其是靠近那些企业级的大客户。戴尔公司的销售员会来到客户门前，了解诸如你想要什么样的性能、你想要什么样的硬件、你想要什么样的软件、你想要什么时间交货之类的问题，了解完之后，这些销售员再回到公司，把单子交给生产部门。"这个过程就像裁缝走到客户家里，为客户量身后，再回到生产车间，因此，做出来的衣服一定是合身的。"

"戴尔公司的业务基础是基于直线订购这一业务模式之上的，我们直接把计算机销给客户，不管这一客户是政府机构还是大企业，也不管是普通个人消费还是小企业。这让我们会以更快的速度、把最新的技术提供给我们的客户，使我们能提供更高水准的服务，并获得更高水平的回报。"

5. 学会包容市场

戴尔认为，要想持久赚钱，对市场就不能过于急功近利，要关心市场的整体

第八章　创业设计模拟分析与实践

情况,因为"一个市场有时很快发展,有时会向前走两步再退一步,我们更关心整体发展的情况。人民币会不会贬值这类事情对我们来说是不会阻挡我们前进的步伐,我们会进一步发展及进一步开拓中国市场,因为我们想在中国进行长期的投资。"

"中国计算机市场一个好处就是它非常大,而且发展得特别快,我认为对于这些公司来说,它对每一个中外公司都有很大的机会,每家公司都必须找到自己独特的方式来给客户提供价值,我们当然认为以一个可持续的方式提供价值给客户,关键是中国市场非常大,没有任何一家公司能够完全垄断,全部占据市场,必须要有合作伙伴关系,必须要有合作才能保障这个市场能够充分得到挖掘。"

"在中国实现直销是非常好的,利润率提前实现了。在全球来讲,与客户直接建立关系的理念是有价值的,也是行之有效的,在任何地方都是放之四海而皆准的,我们现在要与中国的软件公司与服务公司进行合作,提供产品的增值。"

"我们的竞争会使大家都受益,竞争会使我们为客户提供好的产品。""我不反对后 PC 时代的到来,PC 是富有变化的,它的连接性会更好,最受欢迎的装置都是和 PC 连在一起的,如手持机等。我们可以把后 PC 厂家不愿做的事情,拿过来做。"

6. 理念共享

记者问戴尔:"如果你有时间,你会不会再返回到大学去继续读书?"这位只上过一年大学的亿万富翁却摇了摇头:"不会,因为我在学校里学到的东西比不上在实践里学得多。"

戴尔的回答很令人玩味。在全球计算机产业这个大舞台上,有三种风格的大角色企业家:一类是技术派,他们以技术起家,技术很精,后来转做管理,英特尔现任董事长葛鲁夫便是其中的典型代表;一类是学院派,他们有文凭但对技术并不在行,甚至对计算机行业在开始进入时也了解得不多,但这些人有很强的分析能力、有丰富的运作企业的经验,比如 IBM 现任总裁兼首席执行官郭士纳便是其中的典型;一类是野生派,他们没有获得过大学文凭、靠少年冒险抓住了机会而获得成功,像是野生野长的花,生命力非常顽强,戴尔便是一个典型。

三类大企业家在 IT 产业里人数都不少,这说明了通往大企业家的道路并非只有一条。条条大路都可以通向罗马。然而,野生派企业家的崛起除了给人们提供更多的传奇故事,还提供给人们更多的启迪。

戴尔从大学辍学,比尔·盖茨从大学辍学,乔布斯没有念过大学,杨致远从博士辍学,他们的例子似乎都在鼓励人们不要去学校受教育、不要去学习。其实不然,因为在这个竞争异常激烈的产业中,学习,已不是一个时间段,而是相伴一生的课题。野生派企业家并不是不愿意去学习，而是更愿学一些让他们自己感兴趣、并认为很重要的东西。

戴尔天生是做生意的料子，虽然他从小家境并不穷，但他对做生意偏偏最感兴趣。在 14 岁生日那天，戴尔用自己挣来的钱为自己买来一台苹果电脑。拿回家后，戴尔把它拆得乱七八糟，但戴尔不是为了学技术，而是为了寻找商机。后来，戴尔又继续拆 IBM 的 PC 机。拆机器的结果使他看到了一个闪光的商机：IBM PC 的零件一共才值 600～700 美元，但当时在外面的市场价却高达 3 000 美元。

于是，戴尔到批发商那里将积压的 PC 机以批发价买回，再买来内存、Modem、磁盘驱动器及更大的显示器。之后，将这些机器进行升级，使其有更多内存和磁盘驱动器，然后在当地报纸上登出广告，以低于零售价 10% 至 15% 的价格出售。几个回合下来，让戴尔尝到了甜头，也使戴尔的大学生涯只有一年便夭折了，那年他才 19 岁。16 年以后，戴尔不仅做个人电脑生意，还做服务器和工作站、互联网工具生意。戴尔公司的销售收入已达 260 亿美元。

我们可以看到，戴尔虽然不做具体技术，但他却从未断过应该随时学习的好习惯。戴尔虽然中断了大学之路，只不过断掉了与一般人一样的发展轨迹，这需要有一般人不敢做的非凡勇气。

敢冒险，是野生派企业家们的一个共同特点。

世界上最会赚钱的人，似乎都与某种机遇相连，其实，并不是只有这些人对市场商机有一个特别敏感的嗅觉，很多人和他们一样看到了机会，但却不敢冒险。

在个人电脑出现时，很多人看到了商机；在工作站出现时很多人看到了商机，在互联网刚露出苗头的时候，也有很多人看到了商机。可是有趣的是在这些商机刚出现之时，永远只有少数几个人敢跳到里面趟水，而野生派企业家们往往是在别人对市场商机的小嫩苗进行唯唯诺诺、观瞻仰望时，便果敢地迈了进去。戴尔、盖茨、乔布斯、杨致远都是这样的人。

《数字化生存》的作者尼葛洛庞帝说："我认为人才不是那些学多少知识的人，而是能不能承担风险、能不能循规蹈矩地做事情的人。""企业家最主要的也是唯一的一个素质就是要勇于承担风险。"

冒险意味着一种行动，行动起来的人的机会，总比那些只会坐而论道的人的机会要来得多得多。然而，大多数受过教育的人却往往选择的是后一种行为。所以常常看着眼前的机会一次次被一些"丑小鸭"们抢走。

压抑冒险，对成功没有任何意义。冒险，是走向成功的第一步。

第八章　创业设计模拟分析与实践

头脑风暴

戴尔公司的成功案例为无数企业都提供了一个范例，怎样将一个公司步步推向成功，戴尔无疑为我们提供了一种模式，如何将这种模式活学活用，是我们面临的最为重要的问题。认真思考戴尔案例带来的经验，并将其适时地运用在自己的创业计划中。

大学旅舍商业计划

第一部分　产品与服务

（一）描述

业务主体将向大众（主要是大学生和青年）提供免费的资讯服务及向自助旅行者这一特定客源市场提供的旅游导向服务，其体现在 uchostelling（大学旅舍）网站上。U&C HOSTELLING（大学旅舍）立足点在 U&C（univercity & college）上，主要体现在 hostelling（青年旅馆）上。随着国内大学旅行社的诞生发展及大学旅游热的兴起，如何将分散的大学旅游配套资源有秩序和组织地发展起来，形成一个大型的跨地域性的旅游服务体系，广泛为日益增多的高校旅行学子提供中转站服务，是许许多多大学生希望的，也是不少旅游企业机构正在考虑的。

Hostelling International（国际青年旅社）虽然已经进入了中国，并获得了一定成功，但其服务目前只集中在经济发达的珠江三角洲地区（广州、南海、珠海、肇庆、深圳），与大学生目前的旅行要求有很大的差距。在广大的旅游热点地区，类似青年旅社的服务是相当缺乏甚至没有，面对大学生这个庞大的旅游群体，近年来出现了"旅游点高校接待"等萌芽状况的大学生旅游服务中介，但其信誉始终难以稳定。

针对为数众多的大学生旅游者希望旅游地区"青年旅馆"式服务的需求，uchostelling 网站将通过网络形式，结合国内各地高校旅行社的建立情况，通过合作兼并（已建立相应旅游组织）和聘用兼职（尚未建立相应体系）等形式，在网上开展大学生领域的异地接应、当地导游和结伴同行等服务项目，以建立以高校为主要场所的流动性青年旅馆服务体系。

（二）技术

网站应具备多位有旅游开发经验的业务联络人员及青年旅馆业务管理经验的人员，同时还应具备一支有经验的旅游信息采编队伍。

（1）订票系统：为客户提供网上预订机票及其相关服务。其中包括航班查询、机票预订、订单的查询与修改、代理出票/退票/订单维护功能。

（2）酒店系统：为需要在网上查询和预订酒店的客户提供迅速、方便、可靠的在线服务。其中包括客户登录、酒店查询、酒店预订、更改预订、取消预订、房源维护、库存预警、退款模块等功能。

（3）旅游线路系统：为客户提供迅捷、方便、可靠的在线旅游信息服务和在线预订。其中包括客户登录、信息查询、线路预订、更改预订、取消预订、旅行社管理和维护等功能。

（4）支付系统：提供与各大商业银行安全的在线支付功能。

（三）访问者得益

通过访问本网站，上网者可以看到丰富的旅游资料及专门为大学生设置的旅游导向，可联系到各种旅游帮助机构，如到达旅行目的地的途径、花费、时间、落脚点及到达目的地后的行程安排等，从高校到高校，既可享受异地旅行的乐趣，又在食、住、行方面得到相对可靠的保证，既得到朋友式的照顾，又以较实惠的价钱完成旅程。

第二部分　市场分析

（一）市场介绍

1999 年末我国上网人数 890 万，根据不完全统计，目前我国网民已突破 1 000 万，随着以大学生为主的校园网民的成长，中国互联网用户的数目急剧增加。

2000 年 3 月份开始，在电子商务热潮下，旅游网站作为模式清晰的 ICP，其发展前景一度被广泛关注，国内几大旅游网站纷纷有所行动，最为引人注目的是全国最大的旅游网站华夏旅游网与 TOM.COM 达成合作意向。旅游网站以其不涉及配送和支付问题、以电子商务为主要形式，一时成为投资热点。

但无论是华夏旅游网、中国旅游资讯网还是后起之秀的携程旅游网，他们都把业务重点放在"旅游行业"上面，重点放在飞机订票、酒店房间预约等传统旅游业务上，在个人自助游、学生背包游方面始终搞不起特色，所提供的服务做不到实处，表现在只介绍相关的旅游知识和由旅行社提供的路线及景点介绍，有关个人旅游的细节鲜见提及。在去年末异军突起的携程旅游网虽然在个人自助游方面搞出一定特色，但其定位仍带有传统自助游的影子，没有充分顾及大学生旅游阶层，携程旅游方式对于在校的大学生仍存在难以操作的地方。

而另一方面，目前许多旅游网站号称网络旅游便宜、舒适，但熟悉旅行社业务的人都知道，通过网络购票、订房，很难达到旅行团队的人数规模，也即不可

第八章　创业设计模拟分析与实践

能享受到旅行社所得到的折扣，现时网络旅游的风光只不过是网站不惜血本的降价卖广告，不是长期生存的办法。根据一份调查，在整个旅游市场的大批散客当中，90%以上原先就不通过旅行社出游，而在这批散客中的上网者，才是目前旅游网站真正争夺的目标顾客。从某种意义上说，传统旅行社和旅游网站说到底并没有正面交锋。目前国内旅游网站的发展主流只不过是旅行社的架构调整，同旅游网站的发展没有什么联系。网上旅游必须根据自己的特点走出自己的路子，做一些通过互联网很容易实现的服务。

另一方面，随着人们生活水平及知识水平的双重提高，对于旅行的要求也越来越苛刻，传统的"填鸭式"随团游对许许多多出外旅行者日渐失去了吸引力，在年轻人当中，自主自由的自助式旅游越来越受到认可，但一个严峻的问题是面对发展迅速的自助游（背包旅行一族）群体，国内的社会配套设施远远跟不上需求，造成许多旅行后遗症。uchostelling 就是通过网络将"青年旅馆"式的配套服务首先在国内有条件的大学区建立起来。目前在广东以外的中国诸多旅游地区，还没有直接以"青年旅馆"命名的机构，但相类似的为背包旅行者服务的饭店已经出现，这都体现了市场的实际需要，像云南大理、广西桂林都有为自助旅行者服务的配套住宿饭店，在上海黄浦江边古老的理查饭店也已经很接近青年旅馆的标准，但他们缺乏一定的系统协调，在旅游业中的聚焦效应没有充分发挥。

2002 年 3 月下旬，中国 12 个城市的代表在广东青年旅馆协会的组织下，商讨了国际青年旅馆在中国的推广计划，据称，几年内将有多家青年旅馆在全国不同城市开业。一种新的旅游格局初露端倪，中国为未来新的旅游精神做了充分的硬件准备。

（二）目标市场

业务内容的受众只是大学生（年轻人），但从长远来看，服务受众将不断增加，年龄在 30 岁以下的网民都是我们可能的访问者。如果网站能顺利起步的话，开站半年内，通过假期前的服务项目宣传和 U&C HOSTELLING 理念的高校巡回 SHOW，同时加以一定的推广免费优惠，总访问人数可过数十万，1 年后可达 100 万。同时中介服务业务也会随假期的到来进入正式起步发展阶段，网站浏览人数的增长与使用青年旅舍服务后的二次宣传将不断推广 uchostelling。在网站浏览量稳定的情况下，广告收入也会不断上升。

（三）区域聚焦

在 uchostelling 服务方面，我们立足于区域性，立足于业务密集点。开始的发展重点是以广州为中心的华南地区，基础打好后（如 U&C HOSTELLING 理念的渗透率在高校学生中达到一定程度），再向北推进，划分东北、华北、西北、西南、华东、华中、华南及港澳台等区域，业务成熟将与国外同类机构合作开展中外 U&C hostelling 业务合作，争取每个有高校的城市区域都开设有 uchostelling 的服务机构。

（四）发展目标

公司最终发展目标是完成对传统旅游业和正统电子商务之间的"自由游式"旅游资源的整合，使 U&C HOSTELLING 成为以网络为交易方式，以大学为服务根基的跨地域性的青年旅社，规模最大的大学生（青年）旅游机构，成为大学生旅游者在城市之间的理想驿站。

第三部分　业务计划的实施

（一）实施战略

第一步：（时期：6个月）第一笔资金到位后，大部分用于基础运行中去，把有限的人力资源重点放在 U&C HOSTELLING 理念和网站具体业务操作方式的推广上。与此同时，先与国内已建立的大学旅行社或有类似青年旅馆的机构进行业务联系，再在较为发达但未有相应机构的大中城市的大学开展业务建设。在此基础上，争取更大的投资。

第二步：在华南各大高校校园开展相关活动，并争取一定的服务使用者。1年内 U&C HOSTELLING 业务进入正常营运状态，并以此为基础，在非假期时间开发其他服务内容。

第三步：加大融资，扩大业务规模，并适当在业务集中城市（点）建立全权物业。

（二）联盟

公司将与资金和技术较雄厚的网站、全国百强的旅游公司建立联盟，双方互相取长补短，共同发展。网站将和各大媒体单位建立合作关系。

头脑风暴

仔细分析该创业计划，总结其在创业阶段的独特计策。

第八章 创业设计模拟分析与实践

3 案例分析

沃尔玛成功的经营理念

山姆·华顿在创造竞争优势与低成本结构两方面的正确决策及有效持续贯彻执行，缔造了零售连锁王国的奇迹。他的卓越经营理念乃是由少数经营管理基本原则紧密结合本企业特点，从而使"华顿企业文化"绵延不已。

1. 极端节省

从五分一角商店时代开始，山姆就摒弃被常人视为正常水准的奢侈：他的板条箱书架用过多年，将锯木架钉上三夹板做成桌子；他的总部办公室和仓库连为一体，随时可以听到远处传来的卸货台上的嘈杂声；他更经常驾驶中小货车巡视各地；他认为公司营运成本包括工资、奖金、津贴等，需控制在销售额的2%以内，通常可以控制得很好。

2. 顾客满意至上

沃尔玛的金科玉律：第一条，顾客永远是对的；第二条，如果顾客错了，参照第一条。在沃尔玛里，顾客退换一双就要脱底的鞋子，店员不仅要高高兴兴换上一双新的，还得奉上一双袜子用以补偿顾客的损失。

在1989年的公司公报上，华顿还强调公司伙伴应该向顾客传达这样的信息："我们为给您带来不便深感遗憾，希望您能满意。"

3. 不断创新与成长

山姆常说："……我的资产之一就是变革，我想公司也是一样，我们提倡创新。"他曾对《金融世界》的记者说："听取建议、乐于变革是我们的标志，我们提倡创新，我们要不断进行必要的改进。零售业发展日新月异，不断创新使我们发展至今天的规模，我们一直很灵活，每天都进行必要的调整……"

1990年，华顿正受到骨髓癌的威胁时，他却还在全心全力拟订20世纪90年代经营计划。6月1日，在阿肯色大学的班希尔体育馆，他虽然身带重病，依然生气勃勃地手持麦克风吐露他心中的奥秘，他说："我相信沃尔玛能在10年内把店面数增加一倍。"用数字换算是：

1990年1 500家分店年销售258亿美元

2000年3 335家分店年销售1 290亿美元

1989年的美国《财富》杂志曾经刊载这样一篇文章：《山姆是如何成为全美最受尊敬的零售商的？》。人们普遍认为他是个性格复杂的人，有顽强不屈的意志。毛驴西瓜一幕显示他善用"巴南式"宣传促销手法。他有点像吉米·斯图亚特，外表英俊，常说"哦，哪有这回事！"而招人喜欢；他有点像比利·格伦，具有中部淳朴的乡下佬无法抗拒的魅力和说服力；他更像亨利·福特，是一个把各种经济现象和自己企业联系在一起的天才；他像一只旧日在斗鸡场上的公鸡，好斗、不服输，千方百计保全自己的疆界。

华顿去世后，由其长子罗伯·华顿接手经营庞大的业务。罗伯·华顿更一手将沃尔玛推进成为百货业最为成熟的领域，沃尔玛一举成为全球最大企业。

相比较于微软的比尔·盖茨在短时间致富、创造巨大影响力的模式，美国沃尔玛的创始人华顿所代表的正是传统，一步一个脚印，长时间积累才得以创造出辉煌宏伟局面。比起新经济所隐含的大起大落的风险，沃尔玛不仅执行传统经营理念与模式，同时也不断引领、革新旧经济价值观。

头脑风暴

沃尔玛作为全世界最大的零售连锁王国，其经营策略必定有独到之处。通过对沃尔玛经营理念的探讨，择取能够广泛适用的经营策略，总结运用。

创业的奇迹和教训——"巨人"集团的兴衰

曾创造"一年百万富翁，二年千万富翁，三年亿万富翁"这一神话，被称为当代中国比尔·盖茨的"巨人"总裁史玉柱，靠4 000元起家，勇敢地背水一战，创立了巨人品牌，创造了巨人奇迹。

史玉柱，1962年生，安徽怀远人。史玉柱1984年毕业于浙江大学数学系，毕业后被分配到安徽省统计局工作。

1989年1月，史玉柱毕业于深圳大学研究生院，获软件科学硕士学位。

与此同时，他在安徽省统计局的工作岗位上研制开发的统计系统软件包让他的前途一片辉煌。但他却出人意料地决定辞职经商。当时他对朋友们说："如果下海失败，我就跳海！"一种创业的豪情使人感到无限悲壮。

史玉柱对其创业有着大胆的设想，他要开发中国计算机文字处理市场。经过9个月的艰苦努力，史玉柱研制出了M-6401桌面排版印刷系统。1989年8月，

第八章 创业设计模拟分析与实践

他和 3 个伙伴以自己的产品和仅有的 4 000 元钱承包了天津大学深圳科工贸公司电脑部，开始了巨人的创业。

在 M-6401 汉卡销售宣传中，史玉柱巧妙地赌了一次：

利用《计算机》杂志刊登广告登出和付款期限的时间差，做了 8 400 元的广告，在 15 天的付款期限内，他收到了 15 820 元的定金，及时交付了广告费。自此，史玉柱艰难而又成功地迈出了创业的第一步。

之后，他继续采用高广告投入策略，让人们不断了解巨人汉卡的卓越性能，扩大了市场范围，不到 4 个月时间，就实现利润近 400 万元。

史玉柱坚信高科技带来高技术和高效益，他通过不断的研发使产品更新换代，M-6402、M-6403 相继推出，M-6403 汉卡销售量居全国同类产品销量之首。

到 1992 年底，巨人销售额近 2 亿元，纯利润达 3 500 万元，企业年发展速度达 500%，成为中国电脑业和高科技行业的一颗耀眼的新星。

1992 年，巨人总部从深圳迁移至珠海。

"史玉柱效应"和"巨人形象"在全国引起轰动。

1993 年，巨人推出 M-6405、中文笔记本电脑、中文手写电脑等多种产品，其中仅中文手写电脑和软件的当年销售额就达 3.6 亿。巨人成为位居四通之后的中国第二大民营高科技企业。

史玉柱成为当年珠海第二批重奖的知识分子。

至 1993 年底，史玉柱已在全国范围内成立了 38 家全资子公司，实现销售额 3.6 亿元，利税 4600 万元。至此，巨人集团发展顺利，史玉柱也被视为高科技行业成功的创业家典型。

应该说，在当时，巨人集团在电脑及软件业发展态势和前景非常光明。

1994 年，史玉柱当选为中国十大改革风云人物。

但此时史玉柱却以激情和狂想做出一个重大决定：跨越当家产品桌面排版印刷软件系统，把生物工程这个利润很高的行业作为巨人集团新的支柱产业，向多元化方向发展。

巨人集团的多元化同时涉足保健品、房地产、药品、化妆品、服装等多个新的产业，甚至开发中央空调。

在保健品方面，1994 年 8 月，史玉柱注册了"康元公司"，将"脑黄金"投入市场，"脑黄金"一炮打响，效益显著。

"脑黄金"的成功使史玉柱激动起来，竟一举向市场推出 12 种新的保健品产品，一年内在生物工程上投入的广告费猛增到 1 个亿，并在全国设立了 8 个营销中心，下辖 180 个营销公司。

网络铺开后，康元公司的管理却成了问题。在市场没摸清的情况下，公司一下子生产了价值上亿元的新产品，成本又控制得不好，结果产品大量积压；同时，财务管理混乱，扣除债权还剩余5 000万元左右的债务。

康元公司的巨额亏损，明显暴露出巨人集团管理人才缺乏、管理不善等问题。

在房地产方面，史玉柱从流动资金和卖楼花收入中共筹集2亿元的资金，拟建18层"巨人大厦"，未向银行贷一分钱。

由于主观和外界的各种因素，巨人大厦不做任何可行性分析论证，贸然将大厦由最初设计的18层追加到54层，最后竟然追加到70层，为当时中国第一高楼。

以2亿元的资金兴建需要投资12亿的巨人大厦，巨人集团背上了沉重的债务和巨大风险。

1994年年初，巨人大厦动工，计划三年完成。

1995年，巨人推出12种保健品，投放广告费用1亿元。史玉柱被《福布斯》列为内地富豪第8位。

1996年，巨人大厦资金告急。巨人大厦在打地基过程中遇上了地层断裂带，珠海发大水又两淹"巨人"基地。工期拖长，巨人大厦的建设资金面临枯竭，史玉柱面临巨大的财务危机。

而此时，史玉柱仍将巨人大厦看得过重。从开工到1996年6月，史玉柱没有因为资金问题让大厦停工一天，主要靠生物工程提供的6 000万元资金，巨人集团危机四伏。

管理不善加上过度抽血，生物工程一下子被搞得半死不活，这一新兴产业开始萎缩，以致后来不能造血，使巨人集团的流动资金完全枯竭。

就在同一时期，巨人集团还投资4.8亿在黄山兴建旅游工程；投资5 400万元购买装修上海巨人集团总部；投资5个亿上新的保健品……其结果，非但新产业没发展起来，本业却病入膏肓。

此后，连续出现巨人公司内部员工贪污、挪用巨额资金；软件开发人员将技术私自卖给其他公司；子公司私自贷款；下属私自侵占公司财产等一系列事件，使巨人的市场占有率一落千丈。

1997年年初，巨人大厦到期未完工，酿成全国有名的巨人风波。国内购楼花者天天上门要求退款，媒体地毯式报道巨人的财务危机。

不久，只建至地面三层的"巨人大厦"停工，陷入财政危机的"巨人"因为1 000万元的资金缺口而轰然崩塌。

第八章 创业设计模拟分析与实践

2004年8月，史玉柱出任香港四通控股集团CEO，年薪仅一元。上海一家媒体把他列入中国悲剧企业家之"英雄末路企业家"10人榜。

头脑风暴

分析与思考：商业竞争中，不只有成功的案例，同样也充满了令人惋惜的失败例子。分析以上"巨人"集团的案例，总结其大起大落的根本原因，并由此制作一份拯救"巨人"集团的策略分析。

宝洁公司的品牌创新

宝洁公司有300多个品牌畅销于世界140个国家和地区。走的是"从产品推出品牌，再由品牌推出新产品"的路子。它的经验是：

1. 奉行消费者至上

宝洁公司在各地建立机构，了解本土市场，了解当地语言和文化，了解消费者需求、态度和使用习惯。比如，他们通过深层次的了解，对26~34岁的消费者的皮肤有了一定的认识，日本是"像煮熟的鸡蛋"一样半透明的光洁肌肤；中国香港是"水晶般光洁"；中国台湾是"红润光洁"。同样的品牌、同样的产品，根本不同的感受会形成消费者心目中的品牌所代表的不同形象。

2. 创造特色，创造差异

宝洁认为特色与差异是卓越产品应有的个性特点。如"海飞丝"去头皮屑的特有个性特征，赢得了消费者的喜爱，赢得了市场。而"沙宣""飘柔""潘婷"又是另外的特点，可让消费者各取所需。不同名称、符号、颜色将品牌的内在特征告诉消费者，以其独特魅力吸引消费者。

赢得市场后，宝洁又一次次改进推出新产品，宣布这是"新的和改进的产品"，让消费者更加钟情于此产品。

3. 营销策略不断创新

（1）侧翼产品策略：一个品牌有多种规格和形式，以满足消费者不同偏好，使其占有更多货架空间，以防止竞争者进入。

（2）多品种策略：用一种产品推出几种品牌，如洗涤去污剂就生产了10种品牌，满足消费者不同需要。

（3）品牌扩展策略：产品创出名牌后，利用它的品牌名称再推出其他产品。如"象牙牌"产品，已从肥皂扩展到液体肥皂和清洁剂。这样可以减少广告支出，又能迅速得到消费者认可，获得好的市场信誉。

（4）品牌管理系统：品牌多，管理者也多，宝洁系统中由一个经理管理一个品牌。这样分而治之，责任落实、行动敏捷，便于占领市场。20世纪80年代后期，宝洁36个月内在全球成功地推广了飘柔品牌；90年代早期，24个月在全球成功地推广了潘婷品牌。

（5）强大而有效的促销：宝洁年广告支出6.72亿美元。为了创造强有力的知名度，为了满足消费者的偏好，从不限制广告费用支出。宝洁拥有一支一流的销售队伍，能很好地与零售商合作，并负责向品牌经理提出建议，研究如何进行最有效的促销。

（6）创新战略：宝洁的获胜准则是不断向最好推进，为了消费者的利益，不断研究开发新产品、新技术、新服务。

（7）有序经营：宝洁的口号是创新永久性品牌。它对品牌的有序经营，不仅表现在价值策略的运用上，还表现在沟通、促销及广告代理商的选择上等。它不依靠价值优势，相反，它的洗衣粉、洗发精、香皂价格都不便宜，同样成为市场领导品牌。

分析宝洁公司在产品和品牌之间建立的联系，分析其营销策略，看其取得成功的法宝究竟是什么？哪些是值得借鉴的？哪些又是可以进一步改进的？

每章一练

根据本章提供的案例，总结其中关于企业创业的经验与教训。

参 考 文 献

[1]王凌峰. 我的大学[M]. 北京：中国时代经济出版社，2005.

[2]尚志平. 就业指导与创业教育[M]. 北京：高等教育出版社，2004.

[3]高海生. 新编大学生就业指导教程[M]. 北京：北京交通大学出版社，2005.

[4]卫保玲. 职业指导操作实录[M]. 北京：华龄出版社，2003.

[5]王滨有. 就业指导[M]. 北京：北京邮电大学出版社，2004.

[6]张文勇，马树强. 大学生职业规划与就业指导[M]. 北京：科学出版社，2005.

[7]王英杰，郭晓平. 创业教育与指导[M]. 北京：机械工业出版社，2006.